Shoira Shams va uning badiiy mahorati

Bobonazarova Gulzoda

© Bobonazarova Gulzoda
Shoira Shams va uning badiiy mahorati
by: Bobonazarova Gulzoda
Edition: August '2024
Publisher:
Taemeer Publications LLC (Michigan, USA / Hyderabad, India)

ISBN 978-93-5872-309-0

© **Bobonazarova Gulzoda**

Book	:	Shoira Shams va uning badiiy mahorati
Author	:	Bobonazarova Gulzoda
Publisher	:	Taemeer Publications
Year	:	'2024
Pages	:	84
Title Design	:	*Taemeer Web Design*

Mundarija:

Kirish

I Shoira Shams lirikasida qofiya qo'llash mahorati 8

II Shoira Shams badiiy merosi haqida 13

III Shoira Shams lirikasida talmeh san'atining qo'llanilishi 19

IV Shoira Shams lirikasda qaytarish bilan bog'liq san'atlar 25

V Shoira Shams lirikasida tashbeh san'atining qo'llanilishi 30

VI Shoira Shams lirikasida tazod san'atining qo'llanilishi 35

VII Shoira Shams lirikasi badiiyati 41

VIII Shoira Shams nasriy asarlarida mavzu va g'oya masalasi 47 lX   Shoira Shams she'riyatida badiiy san'atlardan foydalanish mahorati   53

X   Shoira Shams ijodining shakllanish takomili   60

Xl   Shoira Shams nasriy asarlarida badiiy tasviriy vositalar istifodasi   71

Xll   Shoira Shams lirikasida mavzu va g'oya maslasi   78

Xlll   Foydalanilgan adabiyotlar   84

Bobonazarova Gulzoda Alisher qizi

2002-yi 15-iyunda Xorazm viloyati Gurlan tumanida tug'ilgan. Urganch davlat universiteti O'zbek filologiyasi fakulteti 3-bosqich talabasi. "All India Council For Technical Skill Development" tashkilotining faol a'zosi. "Global education" ya'ni xalqaro ta'lim elchisi "Foundress International the love of mother teresa" xalqaro tashkilot a'zosi. Argentinaning "Juntos Parlas Letras" yozuvchilar uyushmasi a'zosi. "SPSC' xalqaro tashkiloti a'zosi. Qozog'iston "Qo'shqanot xalqaro yozuvchilar uyushmasi"a'zosi va "Xalqaro xizmatlari uchun"medali sohibasi.

Qozog'iston Respublikasi "Qo'sh qanot" ijod jamg'armasi bilan hamkorlikda o'tkazilgan"Hikmat izlaganga-hikmatdir dunyo" xalqaro tanlovi ishtirokchisi. Buyuk Britaniya akademiyasinining "Super vision -Effective Communication Skills", "Sustainability and Climate Change" va "Business Intelligence and Knowledge Managment Systems" kabi kurslarini tugatib, maxsus sertifikatlarni qo'lga kiritgan. Xalqaro ilmiy forum ishtirokchisi. Bundan tashqari, Toshkent shahrida oʻtkazilgan "Ma'naviy barkamol yoshlar yangi Oʻzbekiston bunyodkori" mavzusidagi xalqaro ilmiy-amaliy anjuman faol ishtirokchisi. Shu bilan birgalikda Turkiyaning "Tevilatu'l-Kur'an Tercumesi Okumalari" va "Ulusal ve Uluslararasi Indekslere Basvuru" xalqaro akademiya sertifikati sohibasi. Shu bilan bir qatorda "Unicef", "Open Learning", "Saylor" akademiya kurslarini ham tugatib maxsus sertifikatlarni qoʻlga kiritgan. Eng quvonarli tomoni Bobonazarova Gulzodaning "A wonderful world" nomli ilk she'riy toʻplami nufuzli xalqaro "JustFixtion" nashriyotida nashr qilingan. Bu bilan cheklanib qolmasdan talaba ingliz tilini mukammal darajada oʻzlashtirib B1 sertifikatini qoʻlga kiritgan.Universitet miqyosida oʻtkazilgan "Kitobxon talaba" koʻrik tanlovi 2-oʻrin sohibasi va universitet miqyosida oʻtkazilgan "Ilm nihollari" an'aviy ilmiy-amaliy konferensiyasi faol ishtirokchisi. "Umumrossiya " olimpiadasida adabiyot yoʻnalishida ishtirok qilib, faxrli 1-oʻrinni egallagan. Publitsistik maqolalari va ijodiy ishlari "Page 3 news", "Kenya times","Classico opine" xalqaro gazetalarda chop etilgan. Shu bilan bir qatorda ijodkor ijodiy ishlari "Urganch" universiteti gazetasida muntazam ravishda yoritib boriladi. "Justfiction Edition" xalqaro antalogiyada va "O'zbekiston yoshlari" antalogiyasida ham ijodiy ishlari nashr qilingan. 20 dan ortiq ilmiy va ilmiy-ommabop maqolalar muallifi.

Shoira Shams lirikasida qofiya qo'llash mahorati

Qofiya (arab)-misralar oxiridagi qo'shimcha, so'z va so'z qo'shilmalarining o'zaro ohangdosh bo'lib kelishi. Qofiya mumtoz she'rshunoslikda vazn kabi she'riy ritmni vujudga keltiruvchi asosiy unsur bo'lib, uning bayt so'nggida qo'llanilishi zaruriy talablardan biri bo'lgan. Sharq musulmon adabiyotshunosligida qofiya haqidagi nazariy qarashlar maxsus fan- ilmi qofiyada o'z ifodasini topgan. Bunda qofiyaning tarkibi, tuzilish jihatdan bir qator turlari haqida nazariy ma'lumotlar keltirib o'tilgan.

Xususan, Shams Qays Roziyning "Al-Mo'jam", Nasiriddin Tusiyning "Me'yor ul-ash'or" asarlarida qofiyaning turlari haqida batafsil ma'lumotlar keltirib o'tilgan.[1]

Qofiya she'r musiqiyligi va ritmini ta'minlovchi muhim unsurlardan biridir. Qofiya haqida taniqli alloma Ahmad Taroziy ham o'zining "Funun ul-balog'a" asarida qofiyaning qanchalik muhim ahamiyat kasb etishi haqida

---

[1] Yusupova Dilnavoz." Aruz vazni qoidalari va mumtoz poetika asoslari.- Toshkent : Ta'lim- media", 2019- B. 177

quyidagicha fikr bildirib o'tadi: " Bilgilkim, majmuyi ulamo va fuzalo mazhabinda ahli ta'bg'a qofiya ilmin bilmak muhimdir. Zeroki ta'bni natijasi she'rdur. Va she'rning asli qofiya. Va qofiyasiz she'r mumkin emas.[2]

Biz mazkur maqolamizda Yangiariq tumanida ijod bilan shug'ullanib kelayotgan Shoira Shamsning g'azal, muxammas, masnaviy singari bir qator janrlarida qofiya qo'llash mahorati haqida alohida to'xtalib o'tamiz.

She'r ilmiga ko'ra qofiyalar o'zak tarkibi jihatidan mujarrad, murdaf , muqayyad yoki qaydli hamda muassas qofiyalarga ajratiladi. Shoira Shams she'rlari misolida har biriga alohida to'xtalib o'tmoqchimiz.

Qofiyaning tarkibiga ko'ra bir qator o'ziga xos turlari mavjud:

1.**Mujarrad qofiya**. Bunday qofiya turida raviy harfi cho'ziq unlidan iborat bo'lishi yoki raviy undoshlar bilan yakunlanib, undan oldin tavjih- qisqa unli kelishi asosiy talab qilib olingan.

Shoiraning " Ey yuzi oq, ko'zing rangi yanglig' qaro qismatim'' nomli g'azali matlasida qofiya cho'ziq o unlisi bilan tugallangan:

---

[2] Ahmad Taroziy . "Funun ul-balog'a" – Toshkent: "Xazina", 1996. B.3.

Ey yuzi oq, koʻzing rangi yangligʻ **qaro** qismatim,

Yonmish bugun, naylay, ikki otash **aro** qismatim [3] [Devon78-bet]

2. **Murdaf qofiya.** Bunday qofiya turida raviy harfidan oldin choʻziq unlilardan biri – ridfi asliy, baʼzan esa ridfi zoyid keladi.

Shoira Shamsning "Visolin istadim, ul moh keldi gʻazalida ridfli qofiyaga xos misralar uchraydi:

Visolin istadim, ul **moh** keldi.

Dilim dardi bila **ogoh** keldi. [Devon 50-bet]

Mazkur misrada h undoshi –raviy, undan oldin kelgan o unlisi ridfi asliydir.

3. **Muqayyad(qaydli) qofiya**. Bunday qofiya turida oʻzak tarkibida qisqa unlidan soʻng qator undosh keladi. Bunda qisqa unli hazv, raviydan oldin turgan undosh qayd deb ataladi.

Quyidagi misrada i va a unlisi hazv, s va l undoshlari- qayddir.

Misoli gʻunchasan**, jisming** chamandur.

Chaman ishqiga bu **qalbim** vatandur. [Devon115-bet]

---

[3] Shoira Shams "Samandar" devoni. "Quvonchbek-Mashhura" MChJ nashriyoti. Urganch-2019-yil. Bundan keyingi misollar ham ushbu manbadan keltirilgani uchun har biriga alohida toʻxtalib oʻtmadik.

4. **Muassas qofiya.** Bunday qofiya turida cho'ziq "o" unlisi bilan raviy o'rtasida bir undosh va undan keyin bir unli keladi.

Shoira Shamsning quyidagi Feruz g'azaliga bog'lagan muxammasida "m" harfi –raviy, "o" unlisi-ta'sis, "n" –daxil, "i" unlisi ishbo' hisoblanadi:

Ey, qaro ikki ko'zing saydina **jayronim** fido,
Xol o'lib qosh ustina bul javhari **qonim** fido,
Voh, ul la'li duraxshoningga **dandorim** fido,
Gul yuzingga bulbuloso o'tlug' **afg'onim** fido,
Sarvi ozodingga qumridek xush **alxonim** fido.
[Devon 138-bet]

Qofiyaning tuzilishiga ko'ra quyidagi turlari mavjud:

1.**Muqayyad qofiya.** Bunday qofiya raviy harfi bilan tugallanadi.

Shoira Shamsning " Ko'zim yoshi ko'ngul dardim bayon aylar" nomli g'azalining matlasiga e'tibor qarataylik:

Ko'zim yoshi ko'ngul dardim **bayon** aylar,
Tinq chashma buloq ostin **ayon** aylar. [Devon 112-bet]

Yuqoridagi misrada bayon va ayon so'zlari qofiyani yuzaga keltirgan va ulaar raviy harfi bilan tugallangan.

2. Mutlqa qofiya. Bunday qofiya tarkibida raviy harfidan keyin qofiyaning boshqa harflari (vasl, xuruj, mazid, noyira) keladi. Shoira Shamsning "Firoqing maxbusi , ey dil, dag'i qonsiz bo'lurmi?" g'azalining matlasida mutlaq qofiya namunasi keltirilgan.

Firoqing maxbusi, ey dil, dag'i **qonsiz** bo'lurmu?
Chekurda zaxmi dardingni **pushaymonsiz** bo'lurmu? [Devon 120-bet]

Xulosa qilib qaytadigan bo'lsak, har bir she'rning she'r bo'lishida uning asosini tashkil qiluvchi qofiya muhim ahamiyat kasb qiladi. Shu boisdan ham shoir va shoiralarning she'rlarini tahlil qilayotganda asosiy e'tiborni qofiyaga qaratish o'rinli hodisa sanaladi. Ammo she'rda faqatgina qofiyaga emas, balki mazmuniga ham e'tiborni qaratish lozim. Biz esa yuqorida Shoira Shamsning shoiralik salohiyati va qofiyalarni mahorat bilan qo'llaganligiga guvoh bo'ldik.

Shoira Shams va uning badiiy merosi haqida

Adabiyot shunday qudratli kuchga egaki, u insonlarni tamomila o'zgartira oladi desak mubolag'a bo'lmaydi. Adabiyotning quroli esa so'zdir. Adabiyot deganda ko'z oldimizda shu paytgacha so'z mulkining quroli Alisher Navoiy gavdalanadi desak xato bo'lmaydi. Ya'ni avvalari aruz vazni asosida asarlar va kitoblar ko'p bora yozilgan. Ammo bugungi kunga kelib bu an'anani davom qildirib kelayotganlar kamdan-kam uchraydi. Shunday an'anani yuksaklikka ko'tarib, badiiy merosimizni yanada boyitib kelayotgan taniqli va o'z qalamining ustasi xorazmlik Shoira Shamsdir. U yaratgan har bir badiiy meros o'z nomiga monand tarzida yozilgan. Bilamizki aruz vazni eng murakkab va juda ko'p bilim va tajriba talab qiladigan fandir. Hamma ijodkorlar ham bu talabga to'liq javob bera oladigan darajada she'r bita olmaydilar. Lekin xorazmlik serqirra ijodkorimiz, o'z yaratgan she'rlarida bu talabga bo'ysungan holatda ijod qilgan.

Shoira Shams ayni aruz vazni qoidalari asosida o'zining "Samandar" devonini yaratgan.

Bu devonda g'azal janri namunasi boshqalariga qaraganda juda mufassal tarzda yoritib berilgan. Bundan tashqari ijodkorimizning " Orzular qoyasi", "Javrikim jondan o'tar", "Yig'layotgan qush", "Olovxat", "Tuproq tili" singari she'riy to'plamlar muallifi hisoblanadi. Bu asarlarni mutolaa qilish jarayonida ijodkorning asl maqsadi nimada ekanini ko'rib guvohi bo'lishimiz mumkin.

Quyida "Olovxat" she'riy to'plamidan o'rin olgan Olovxat nomli she'rini bir qadar tahlilga tortdik:

Sokin qalqib turar olisda dengiz ,
To'lqinlar sohilga bitib ketar xat,
Har safar yangidir nafrat, muhhabbat,
Har safar yangidan yozilar qismat.
... Men seni ko'rmadim,o'tdim izma-iz ,
Ey notanish qadar, sevgilim qismat.
Mangu tanishdaysan, qadam-ma qadam,
Nahot biz ochunda takroriy hilqat.
Sening insholaring bitdim so'zma-so'z,
Biror nuqtasida qilmadim xato.
Ilohiydan eding o'qiyolmadim,
Ammo angladimki bari bexato,
Bari go'zal edi kuydek, ohangdek,
Dunyoning mangu bir qo'shig'i yanglig',

Nafis edi, maxzun xayollar aro,
Menga ne orzular qiladir tortiq. [Olovxat 17-bet]

Bu she'rda xat xuddiki, nafrat va muhabbat singari yangidan yozilishi va insonning qismati ham bir-biriga o'xshamaydigan holda qayta, yangidan yozilishi aytilyapti. Ijodkor she'rida yoriga maktub yozadi. Maktubida yorini ta'svirlaydi, aytadiki insonlar bir-biriga o'xshamaydigan tarzda yaratiladi, ammo ikkalamiz shu darajada o'xshashmizki, alloh bizni mana shunday yaratibdi deya aytadi. Men seni barcha insholaringni, ya'ni hislatlaringni bitdim so'zma-so'z deydi. Seni ta'svirlashda hech bir xatolikga yo'l qo'ymadim demoqdalar. Bari xuddiki, go'zal kuy va ohangdek edi deya tashbih san'atidan ham mohirona foydalangan.bundan ko'rinadiki, ijodkor bu she'rida faqatgina yoriga maktub tarzidagina bitilmasdan go'zal badiiy malohatlardan ham mohirona foydalangan.

Vataningdin ayri dillarga davo yo'q erkan, ey Bobur,
Diyoring bo'yidek toza havo yo'q erkan, ey Bobur .

Ushbu baytda g'azalda Bobur ismi radifga olingan. Jumladan, Vataningdan ayro dillarga hech bir narsa tabib bo'lolmasligi , diyoring ya'ni Vataning sog'inchi shu darajada kuchliki, xattoki boshqa mamlakatda havo bo'lishiga qaramasdan o'z yurtimdagidek toza havo topa olmadim deydi va bu joyda ham go'zal tashbih san'atidan mohirona foydalangan.

  Chamansiz ey qaysiki bulbul fig'onin doston aylar,
  Tilida zarraye hurram navo yo'q erkan, ey Bobur.

Ushbu baytda esa Vatanidan ayro joyda, ya'ni chamansiz joyda bulbul fig'on aylab doston aytsa ham tilida bir zarra ham navo yo'q ekanligini, ya'ni halovat yo'qligini aytadi.

  Sadoqat topmay el ichra keturg'a ixtiyor etding,
  Nadomat qilmag'il, anda xato yo'q erkan, ey Bobur.

Ey Bobur sen o'z yurtingda sadoqat topmay o'z elingdan ketishga majbur bo'lding, lekin nadomat qilmag'il bunda sening aybing yo'q edi deydi.

  Nechuk shoh erding arkoning bayoting birla naqshinlik,

Ki shohligʻda seningdek chin ado yoʻq erkan, ey Bobur.

Sen nechuk shoh eding arkoning, yaʼni davlating shu darajada boʻldiki, shohlikda seningdek chin shohni koʻrmadim deydi va goʻzal tashbih sanʼatidan foydalanilgan.

Nechakim yigʻladi gardun, yuvib gardini mulki Hind,
Deding :"jon –Andijon uzra", vido yoʻq erkan, ey Bobur. [Tuproq tili 51-bet]
Ushbu baytda butun osmon yigʻladi, butun Hind xalqining mulki Boburning qoʻlida boʻlishiga qaramasdan, oʻz tugʻilgan yurti Andijonni Hindistondan ham ustunroq qoʻyadi va Andijoni bilan vidolasha olmaganidan nadomatlar chekadi.

Xulosa qilib aytadigan boʻlsak, qalami oʻtkir Shoira Shamsning badiiy merosi chinakam darajada qimmatga ega sanaladi. Ijodkor oʻz sheʼrlarida nafaqat oʻz ichki kechinmalari, balki butun bir xalq dardini ham oʻz qalami ila qogʻozga toʻkkaganligini koʻramiz. Shoira ijodini oʻrganish jarayonida anʼanaviylik saqlanib qolganini ham guvohi boʻldik. Yaʼni gʻazallarida aruz qolipiga tushadigan soʻzlardan mohirona foydalana olganligi ham hayratlanarli hodisa sanaladi. Sababi bugungi kunda bu vaznda ijod qila oladigan ijodkorlar juda kamyobdir. O'z she'rlaridan mumtoz badiiy san'atlardan ham go'zal tarzda foydalana olishi ham diqqatga sazovor hodisadir.

Shoira Shams lirikasida talmeh san'atining qo'llanilishi

Talmeh (arabcha –nazar solmoq, ishora qilmoq) –she'rda mashhur qissa, mashhur bayt yohud mashhur maqolga ishora qilish usuli. Bu san'at mumtoz she'riyatimizda ham, hozirgi she'riyatda ham keng qo'llanilgan. Shoirlar muhabbat mavzusidagi asarlarda ko'pincha Sharqda keng tarqalgan "Farhod va Shirin ", "Layli va Majnun", "Vomiq va Uzro","Tohir va Zuhra" kabi qissalar, dostonlarning qahramonlari nomiga ishora qiladilar. O'quvchi u yoki bu nomga ishorani ko'rar ekan, uning ko'z oldida o'sha qissa, doston, afsona mazmuni, uning qahramonlari hayoti, sevgisi, kurshi, fojiali taqdiri jonlanib, shoir demoqchi bo'lgan g'oyani, fikrni, tuyg'uni yorqinroq tasavvur qiladi, chuqurroq anglab yetadi. Zero bu jarayonda o'quvchi o'zi mutolaa qilayotgan asar qahramoni hayoti tuyg'ulari, ma'naviy qiyofasini o'sha mashhur qissa, asfona qahramoni bilan qiyoslaydi[4].

---

[4] A.Hojiahmedov Mumtoz badiiyat malohati.-Toshkent:Sharq,1999

She'riyatimizda Sharqda keng mashhur bo'lgan muhabbat qissalari, ularning qahramonlari nomlarga ishora qilish ham juda ko'p uchraydi. Biz tadqiqot mavzusi doirasida xorazmlik hassos ijodkor Shoira Shams she'riyatida ushbu san'atning qo'llanilish o'rinlariga e'tibor qaratdik.[5]

1. She'r ahli ichra ko'rsang, muhabbatni chin oshiq,

Shirin diliga oni **Farhod** qilgale kel [Devon.65-b]

Bu baytda Shirin va Farhod isimlari vositasida talmeh san'ati yuzaga kelgan. Shoira bu o'rinda Alisher Navoiyning "Farhod va Shirin " dostoniga ishora qilib, chin muhabbat tarixini va komillikka yetishgan Farhod obrazini ko'rsatib bergan.

O'zi aslida qalb pokligiga erishgan, yuksak ma'naviyatli, aqlan va jismonan barkamol shaxs komil insondir. Farhod esa manashu maqomga ega bo'lgan.

2. Qadingki sarv yanglig' bo'ston uzra,

---

[5] Shoira Shams.Samandar .Devon.-Urganch :"Quvonchbek-Mashhura"MChJ nashriyoti,2019. Bundan keyingi o'rinlarda misollar ushbu manbadan olinganligi bois manba nomi va beti ko'rsatib ketilaveradi.

Viqoring ko'rgach **Eram** bog'i boshi ham [Devon 74-b]

Bu baytda Bog'i Eram so'zi vositasida talmeh san'ati yuzaga keltirildi.

Bog'i Eram bu- mifolagik bog'. Sharq xalqlari og'za ki ijodidagi parilar makoni.eram bog'i gulzor, mevazon va o'tloqzor bilan qoplangan beqiyos , go'zal afsonaviy, tilsimli silsila bog'lar sifatida talqin qilinadi.

3.Shoira , kim gar baqoda istasa vasl – u visol,
Mashrabi devonadek etsin qalandarlig' shior

Bu baytda shoira agar boqiy sevgiga yetishishni istasang, Mashrabdek devonalikni shior qil deya ta'kidlagan. Bu baytda izohlangan sevgi faqatgina yorga bo'lgan muhabbat emas, balki yaratganga bo'lgan muhabbat deb bilmog'imiz lozim.

Demak , biz bu baytda inson boqiy sevgiga yetishishni xohlasa , ya'ni Allohning boqiy vasliga yetishmoqni istasa , Mashrabdek devona bo'lmoqni aytadi. Bu yerda biz, devonalik deganda, o'z nafslarimizdan kechishni tushunishimiz kerak.xulosa qilib aytadigan bo'lsak , boqiy Allohning vasl-u visoliga yetishmoqni xohlasak , nafsda Mashrabdek devona bo'lmog'imiz lozim.

4.Ahli soʻzdan izlasamki gʻamgʻusor , aylar figʻon,

Nodira birla **Jahon otin** koʻzini yosh etib [Devon 30-b]

Xalqdan gʻamgʻusor , yaʻni qaygʻu haqida soʻrashsa , ular Nodira va Jahon otinni koʻzlaridan oqqan koʻz yoshlarni figʻon qilganliklarini aytishadi, chunki ular jamiyatdan , oʻz davridan, koʻp jabr-zulm koʻrganliklariga ishora qilgan holatda, ularni misol tariqasida baytda keltirib oʻtgan.

5.**Layli** koʻzligʻ ishqi birla boʻldi el **Manunsifat**,

Oh chekdi koʻksi uzra bo'ylaki paykon tushib [Devon 31-b]

Ushbu baytda shoira Majnun Laylining koʻzlariga boqib ishq dardiga uchragani,yaʻni koʻksiga paykon (nayza) sanchilgani oqibatda ohi koʻksi uzra taralganini aytib oʻtadi.

Ushbu baytda Layli va Majnun soʻzlari vositasida talmeh sanʻati yuzaga keltirilgan.

6. Mening **Iso** kibi jonparvarim,kelsang,

Yoningda har nafas olsam,yashil erdi.[Devon 44-b]

Bu baytda Iso soʻzi vositasida talmeh sanʻati yuzaga keltirilgan.Iso Masih –Qurʻonda tilga olingan paygʻambarlardan biri. Islomda

Muhammad (sav)dan oldingi payg'ambar sifatida alohida e'zozlanadi.Qur'onda ,shuningdek ,"Al-Masih",Ibn Maryam ,Abdulloh Rasulluloh ,Allohning muqarrabi, "Haqni so'zlovchi",deb ta'riflanadi. Alloh unga "Bani Isroil" qavmini hidoyatga boshlash uchun payg'ambarlik darajasini iroda etadi. Iso o'z ta'limotiga ergashishlariga da'vat qildi. Shunday qilib, Yahudiylarni noto'g'ri yo'llardan qaytarib, ularga halol va haromni tushuntira boshlaydi.

7.Hamon **Bahrom** sayd istar va lek avval **Diloromin**,

Dil ohusini sayd aylab Navoiy gulshani ichra[Devon10-b]

Bu baytda Bahrom va Dilorom so'zlari vositasida talmeh san'ati yuzaga keltrilgan. Navoiy Bahrom obraziga juda katta ma'no – mazmun yuklagan. Uning timsolida oshiqlik va shohlikning bir tanga sig'maslikini ko'rsatgan.

Dilorom obrazi tavsifida esa oy,quyosh, yulduz,kabi tabiat unsurlaiga murojaat qiladilar. Bu o'rinda Shoira Shams Bahromni, ov qilishdan oldin, Diloromni istayotganini ,ya'ni dil ohusi Navoiy gulshani ichra sayr qilishini ko'rsatib bergan.

8. Har mijam toridan oqdi bo'yla yuz **Jayhun** suyi.

Qilmadi parvo nechundur do'st o'lan ogohlar.[Devon101-b]

Bu baytda Jayhun so'zi orqali talmeh san'ati yuzaga kelgan,ya'ni mashhur joy nomini qo'llagan. Jayhun –hozirgi Amudaryoning qadimgi nomlaridan biri.Qadimgi turk tilidan "Joy", va "Xun" so'zlaridan kelib chiqqan ,Xunlar yashaydigan joy degan ma'noni anglatadi.Eftaliylar davlati va Turk xoqonligi davrida keng qo'llanilgan nom sanaladi.

Bu misollar keltirilgan talmeh san'ati bilan bog'liq misollarda shoira mashhur qissa, voqea yoki asarga ishora qilish orqali o'z fikrini muxtasar hikoya qilgan.Shunga ko'ra talmeh she'rda oz so'z bilan ko'p ma'noni ifodalash san'ati deyiladi.

Xulosa qilib aytadigan bo'lsak,shoira shu qisqa mashhur nomlar va joy nomlari orqali ko'plab asrarlarga ishora qilgan va o'quvchiga bu nomlarning izohini tushuntiradi.

Shoira Shams Lirikasida Qaytarish Bilan Bog'liq San'atlar

Mumtoz she'riyatimizda bayt tarkibidagi ayrim so'zlarni yana boshqa bir o'rinda takror qo'llashga asoslangan lafziy sa'nat turlaridan biri qaytarish sa'nati hisoblanadi. Adabiyotshunos olim Rashididdin Vatvot tomonidan badiiy san'atlar ichida "eng mumtoz va maqbullaridan biri" hisoblangan bu san'at mumtoz adabiyotga doir asarlarning aksariyatida **radd ul-ajuz il-assadr**, ba'zilarida **mutobiqa**, ayrimlarida esa **tasdir** deb atalgan. Mumtoz adabiyotda baytning boshi **sadr**, oxiri **ajuz** yoki **zarb**, birinchi misraning oxiri **aruz**, ikkinchi misraning boshi **ibtido** va har ikki misraning o'rtasi (sadr bilan aruzning ibtido bilan ajuzning o'rtasi) **hashv** deyiladi[6].

Biz tadqiqot mavzusi doirasida xorazmlik hassos ijodkor Shoira Shams she'riyatida ushbu san'atning qo'llanilish o'rinlariga e'tibor qaratdik[7].

---

[6] A .Hojiahmedov Mumtoz baddiyat malohati.- Toshkent: Sharq,1999.
[7] Shoira Shams. Samandar. Devon. — Urganch: "Quvanchbek-Mashhura" MCHJ nashriyoti, 2019. Bundan keyigi o'rinlarda misollar

1. Radd ul-sadr il-al hashv bayt boshidagi so'zning misra ichida kelishi, ya'ni baytning birinchi misrasida "sadr"ning "hashv" o'rnida qo'llanilishi:

Man tomon solmas nazar, chun **mani** qilmas nazar,

Topgay ul mundin na zar? Bebaho o'ldurgusi. [Devon. 57-b.]

Ey mening dilbar habibim, **ey** ko'ngul shoistarim,

Umrima ming yil qo'shilgay ko'zlaring kulgusida. [Devon. 20-b.]

Ko'zingga termulib to'ymas **ko'zim** aksin ko'rib anda,

Hamisha o'zni topgayman ko'zing birla quchog'ingda. [Devon. 23-b.]

Jon rishtasini yechgin-u qo'liga uzatgil,

Tasbeki uchun **jon** kabi bir tor topilsa. [Devon. 26-b.]

2. Radd ul-hashv ilal –hashv.

Buning o'zini ikki xil tasnif qilish mumkin:

A) Birinchi misra "hashv" ining shu misra "hashv"i o'rnida qo'llanilishi:

---

ushbu manbadan olinganligi bois manba nomi va beti ko'rsatilib ketilaveradi.

Hajridin **o'lsam**, ne tong, vaslidin **o'lsam**, ne tong,

Lablaring bir no'shida yuz balo o'ldurgusi. [Devon. 57-b.]

B) Birinchi misra "hashv"ning ikkinchi misra "hashv" i o'rnida qo'llanilishi):

Qosh, davr, aylansa-yu bir **man** unutsam xotirim,

Bo'lmasa yoding azobi **man** kabi kabi devonag'a. [Devon. 16-b.]

La'li **yod**ing ayladi za'fimni har nedan zarir,

Necha yil o'tdi seningsiz, **yod** utonmasdur nega. [Devon. 18-b.]

Oshurib nargiz ko'zing nozini, **ko'ngul** o'ynading,

Na **ko'ngul,** jon ham ko'nglingda fanda erdi, bilmading. [Devon. 35-b.]

3. Radd ul-sadr il-al ibtido :

Yana sog'inch ila to'lmish piyolam,

Yana yoding, yana otingda nolam. [Devon. 75-b.]

Dedim: naylay, xayoling dilga tushdi,

Deding: yod aylamoq oshiqqa fandur. [Devon. 115-b.]

4. Radd ul-aruz ilal hashv :

Zahm etsun tilg'akim, otin desam **begonaning**

Yoki bir **begona** otingni huvaydo aylasa...

Oshkor etmam nechakim sevganim **el** qoshida,

Ishq **eli** gar ostoning o'zga gavro aylasa. [Devon. 24-b.]

5. Radd ul-aruz ilal ibtido :

Misoli g'unchasan, jisming **chaman**dur,

Chaman ishqiga bu qalbim vatandur. [Devon. 115-b.]

6. Radd ul-hashv ilal ibtido (birinchi misra o'rtasidagi so'zning ikkinchi misra o'rtasidagi so'zning ikkinchi misra boshida kelishi):

Ne ravo ko'rsang yozug'da, **hikmating** jo aylading,

Hikmatingdin elda donishlikni paydo aylading. [Devon. 33-b.]

7. Radd ul- ibtido ilal- hashv (ikkinchi misra boshidagi so'zning ikkinchi misra o'rtasida kelishi):

Yetibdur ishqdan qatra qiyomat,

O'zing obod, **o'zing** vayrona ko'nglim. [Devon. 79-b.]

8. Radd ul-ibtido ilal zarb. (ikkinchi misra boshidagi so'zning ikkinchi misra oxirida kelishi):

Odam-u Havvoda qismat erdi bu olamda ishq,
***Man**-da sevdim bir qarab tokay nihonim yo'q ma**ning**,* [Devon. 38-b.]

Bu misollar keltirilgan qaytarish san'ati bilan bog'liq o'rinlar shoir lirikasida ilgari surilayotgan fikrning emotsional-ekspressiv ta'sir kuchini oshirish bilan birga, fikrning nozik va yashirin tomonlarini o'quvchilarga yetkazish vazifasini ham bajargan.

Shoira fikrining ta'sirchan chiqishida qaytarish san'ati vosita bo'lib xizmat qiladi. Bunda muayyan so'zga yoki so'z birikmasiga e'tibor qaratilib, u orqali muayyan urg'uni ta'kidlash ko'zda tutiladi. Asosiy maqsadni ifoda etuvchi uslubiy yuk ana shu so'z yoki so'z birikmalarga ortiladi.

Shoira Shams lirikasida tashbih san'atining qo'llanilishi

Tashbih –Sharq adabiyotida keng tarqalgan san'atlardan biri bo'lib,''o'xshatish'' ma'nosini ifodalaydi. Ikki narsa yoki tushunchani ular o'rtasidagi haqiqiy yoki majoziy munosabatlarga ko'ra,o'xshatish san'atidir.Tashbih san'ati ta'svirlanayotgan shaxs,buyum yoki tushunchalrni o'quvchi koz o'ngida aniqroq, jozibaliroq gavdalantirishga xizmat qilib,asar timsollari ma'naviy qiyofasini yorqinroq ochish ,binobarin,shoir g'oyasini o'quvchi ongiga to'laroq yetkazishga imkon beradi.

Sharq adabiyotshunosligida tashbihlar haqiqiy va majoziy tashbihlarga bo'lingan..Aniq hayotiy buyumlar ,o'xshatish uchun tanlangan bo'lsa,**haqiqiy** **tashbih**,noaniq,mavhumiy tushunchalar tanlangan bo'lsa **majoziy tashbih** hisoblangan .[8]

Masalan ,Shoira Shamsning :

Aylasam oh ul qaro qosh-u ko'zining hajrida ,

---

[8] Anvar Hojiahmedov Mumtoz badiiyat malohati ' 'Sharq " nashriyot-matbaa konserni bosh tahririyati Toshkent -1999

Oqarib borgay **yuzide**k tiyra sochim tortor[Devon 109-bet][9]

Bunda shoira mahbubaning qosh va ko'zi hajrida ,sochi xuddi yuzidek oqarib ketganini ta'sirchan va jozibali tarzda ifodalagan. Bu yerda shoira **majoziy tashbihni** qo'llagan.

Bir **qalandardek** jahona jar solur,
Kuylayur ul: Sen g'aribmi,men g'arib[Devon28-bet]

Bu o'rinda shoira oshiq ishq jabrida shunchalik qiynalganki, hattoki jahonga ham xuddi qalanderdek jar solganini ,atrofiga boqib, insonlardan senmi yoki menmi g'arib deya fig'on chekayotganini aniq va lo'nda ifodalagan. Tashbih san 'atini naqadar go'zal ifoda etilganiga yana bir bor guvohi bo'ldik.

Oldi-yu aql-u xushimni **shamsdek** partav yuzung,
Tashladi jonimni oxir bir yonuq g'amxonag'a.[Devon 16-bet]

Oshiq shunchalik telba bo'lganki ,mahbubasi ishqida aql va hushidan ayrildi. Uning yuzi xuddi shams ya'ni quyoshdek partav ,ya'ni nur

---

[9] Shoira Shams "Samandar" devoni "Quvonchbek –Mashhura " MChJ nashriyoti Urganch -2019 yil. Bu va keying o'rinlarda ham shu kitobdan foydalanilgan.

sochardi.Oshiq yor vaslida o'zini bir yonuq g'amxonaga tashlaydi. Bu baytda ham tashbih san'atining go'zal ifodasini ko'rdik.

Yo'q erur olamda inson **ko'nglidek** mavhum bisot,

Onda **gul** birla **tikonni** birga barpo aylading [Devon33-bet]

Bunda shoira olamda inson ko'nglidek mavhum narsa yo'q ekanligini ifoda qilmoqda.Haqiqatdan ham inson ko'ngli, misli bir labirintga o' xshaydi. Sababi uni tushunish ,anglab yetish mushkul hodisa. Uni qanchalik anglaganing sayin shunchalik o'zgaradi .Shu so'zlar vositasida **tashbihni** ifodalab o'tmoqda.Shuningdek ikkinchi misrada gul va tikon so'zlari **vositasida tazod** san'atini ham mahorat bilan qo'llagan.

Sabodek aylanib zulfim aro yelsang,

Uzorim handasi anda yashil erdi.[Devon 44-bet]

Bu o'rinda shoira yorni zulf ya'ni qora sochini sabodek aylanib yeil yurganligini go'zal tashbih san'ati vositasida ifoda etilgan.

Kelding-u ketding hayotimg'a chaman **mavsumidek,**

Necha yil hajring ila dil bo'ldi-ku bulg'onchalik[Devon 63-bet]

Bunda oshiq mahbubini xuddi mavsumdek tez kelib-ketganini va necha yil uning hajridan dili kuyanligini ajoyib tashbih vositasida ifoda etgan.

Qumridek aylab fig'on nola qilgum har zamon,
Bir sado qilmas bayon,benavo o'ldurgusi.[Devon 57-bet]

Ushbu baytda shoira yor vaslida har zamon, xuddiki qumri singari oh-u fig'on chekishini va ko'p marotaba ul yorni chorlasa ham ,bir sado chiqarmaganini ko'rishimiz mumkin.Bu o'rinda yor nolasini sayrab hech ham tinmaydigan qumriga o'xshatmoqda

*Tanim **kabi** to'lg'ondi bu tun,*
*Ko'zimni **ufqdek** xunbora qilding [Devon 36-bet]*

Ushbu baytda shoira yorning tani xuddiki Jayhun daryosi singari to'lg'anganini va ko'zini ufqdek qamashtirganini tashbih vositasida istifoda qiladi.Shuningdek, shoira tashbih bilan birgalikda, talmeh san'atini ham Jayhun so'zi yordamida ifodalaydi.Ya'ni Jayhun daryo nomini ifodalamoqda.Bu daryo Amudaryoning qadimgi nomlaridan biri sanaladi.Qadimgi turk tilida "Joy" va "Xun" so'zlaridan kelib chiqqan.Xunlar yashaydigan joy degan ma'noni anglatadi.

Ashkimni to'ksam hajring tunida,

Durdek qoʻnubdur baldolaringa [Devon 25-bet]

Bu oʻrinda shoira ayriliq tunida koʻz yoshlari xuddiki durdek yogʻilganini ajoyib tashbih vositasida ifodalamoqda. Dur bu oʻrinda xuddiki marjon sifatida ifodalangan. Shoira tashbih sanʻati bilan bogʻliq misollarda oshiqning mahbubasiga muhabbatini shu qadar goʻazl ifodalaganki , bu oʻrinda koʻz yoshlari qolmaganligini koʻrishimiz mumkin. Xulosa qilib aytadigan boʻlsak,haqiqiy shoirlar tashbihdan faqat soʻz oʻyini sifatida emas,balki asar gʻoyasini jozibali ifodalash maqsadida foydalanganlar.Tashbih sanʻatining ildizlari shu sababdan ham, uzoq davrlarga zamonlarga borib taqaladi. Shoira Shams bu sanʻatini sodda va ravon usulda qoʻllanishiga alohida ahamiyat qaratgan. Bu maqoladan sheʻriy sanʻatlarning ifoda xususiyatlari ,oʻquvchini diqqatini tortadi. Adabiyotimizda mana shunday, taʻsirchan badiiy sanʻatlar albatta juda koʻp.Bizesa bu oʻrinda oʻxshatish sanʻatiga toʻxtaldik.

Shoira Shams lirikasida tazod san'atining qoʻllanilishi

Tazod (arabcha.qarshilantirish)- bir biriga zid tushunchalarni ifoda etuvchi soʻzlarni ma'lum bir estetik maqsadda bir-biriga bogʻ lab ishlatish usuli. Alloma va shoir Shayx Ahmad ibn Xudoydod Taroziy '' tazod ''ni ''Almutozod '' deb nomlagan. Atoulloh Mahmud Husayniyning ta'kidlashicha , tazodni ''mutobaqa '', ''tiboq '', ''tatbiq va ''takafu ''deb ham yuritishgan. Shams Qays Roziy esa ''tazod '' ni ''mutobiqa '' deb nomlagan.

' 'Kalomda ma'nolari orasida taqobulu tanofiy (bir-birini inkor qilish) bolgʻon ikki lafzni jam qilmoqdin iboratdur... Debturlarkim , taqobul andoq ikki nima orasinda boʻlurkim , birining borligʻi va tasavvuri ikkinchisiz mumkin boʻlur . Agar alar orasidagʻi qarama-qarshilik qora bilan oq singari gʻoyat darajada boʻlsa , ul taqobuli tazoddir, agar qarshilik qora bilan qizil orasindagʻidek gʻoyat darajada boʻlmasa , ul taqobuli taonuddur ''[10]

---

[10] **Shayx Ahmad Taroziy** . " Funun-ul balogʻa, 112-bet.

Alloma qarama-qarshilik darajasiga qarab tazodning bir necha turlarga bo'linishini aytgan. Xullas tazodd bir-biriga zid narsa va tushunchalar to'qnashtiriladiki , ayni chog'da, ularning zamini-asosi bir-biriga zid tushunchalarni o'zida mujassamlashtirgan obekt birligi va shu obektni ta'sirli qilib ochish va unga nisbatan o'quvchi qalbida faol munosabat uyg'otishdan iborat.

Tazod yuzakiroq qaraganda antiteza usuliga ham o'xshaydi- ularning har ikkalasida ham bir-biriga zid tushunchalar yuzlashtiriladi, ayni chog'da ularning bir-biridan farqli jihatlari ham bor. Antitezada to'qnashuvchi bir-biriga zid narsalar ikki mustaqil manbadan kelib chiqsa , tazoddagi to'qnashuvchi bir-biriga zid narsalarning kelib chiqish manbai yagona : bir narsa ham yaxshilikning , ham yomonlikning kelib chiqishini o'z ichiga qamrab oladi :

Qilursan fosh har **yaxshi yomoning** ,

O'zingsan oshno-begona ko'nglim [Devon 79-bet]

Bunda demak, yomonlik va yaxshilik bir-biriga zid tushunchalar va shular to'qnashadi , ammo ayni paytda , har ikkala hislatning ham manbai bir mashuqadir. Shu tariqa tazod san'ati yuzaga keltirildi.

Shuni ta'kidlab o'tish kerakki , tazodning parallelizm va oksimoron bilan mushtarak jihatlari ham bor . Ya'ni parallelizmda bir-biriga teng va mos narsalar qiyoslansa , oksimoronda ikki bir-birini inkor qiladigan ikki narsa yonma-yon qo'yilib obraz yaratiladi, tazodda esa bir manbadan kelib chiqqan (bir-biriga zid narsalar) tushunchalar qiyoslanadi. Bundan ko'rinadiki parallelizm ham, oksimoron ham , antiteza ham, tazod ham bir-birida ajrakib turadigan alohida-alohida san'atlardir.

Tazod she'riyatda ham , nasrda ham, dramaturgiyada ham qo'llanaveradi. Bu san'at faqat o'tmish adabiyotinigina emas, balki hozirgi adabiyotimizda ham keng ishlatilmoqda . Shoira Shamsning tazod san'atini qay darajada qo'llaganligiga e'tibor qaratamiz :

Sen kun-u ,men –tun. Yo'limiz ayridir.

Shundan ikki ko'z to'la zer-u zabar.[devon 99-bet]

Bu baytda sen va men , tun va kun so'zlari vositasida tazod san'ati yuzaga kelgan. Uni ma'nosi shundayki, sen va men bir-birimizdan uzoqdamiz va yo'llarimiz ayrodir. Shu darajada bir-birimizga ayromizki, sen-tun bo'lsang men kunman. Ya'ni bir-biriga zid , va birini ko'rish imkoniyati yo'q. Shu sababdan bo'lsa kerak, ikki ko'zi ham zer-u zabardek holatdadir.

Dahr bog'idan halovat istadim bir lahzaga ,
G'amda shod-u, **shodmonlik** ichra **motam** uchradi.[devon 56-bet]

Bu baytda g'am va shod hamda shodmonlik va motam so'zlari vositasida tazod san'ati yuzaga keltirilgan. Bu yerda oshiq, dahr bog'i, ya'ni dunyo bog'idan bir lahzaga bo'lsa ham, halovat istagani aytib o'tiladi. Lekin shu bir lahza ham g'am va motamga duch kelganligini ta'kidlaydi.

Dudog'ing chashmidan bir qatra yutsam,
Labim **fosh** aylagay bir-bir **nihoni**m [devon 81-bet]

Bu baytda fosh va nihon so'zlari bir-biriga qarama-qarshi, ya'ni zid ma'nolidir. Nihon- yashirin, fosh- oshkor bo'lmoq ma'nolari shaklida qo'llagan. Oshiq yorini dudog'i ya'ni labi va chashm ya'ni ko'ziga shu darajada oshiq bo'ladiki uni bir qatra yutsam edi xayol qiladi. Shoira go'zal yorni mana shunday sifatlar bilan ta'svirlaydi.

Chekkanim **dard –u huzur** ham ko'rganimga ming shukur ,
Shoira ko'p rozidur, bergan nasiba qonidan [devon 93-bet]

Ushbu baytda dard va huzur so'zlari vositasida tazod san'ati yuzaga keltirilgan. Bunda oshiq yoridan chekkan barcha dard va huzurlariga ming shukur qilishi aytib o'tiladi. Shoira esa bergan nasibasiga rozi ekanligi aytiladi.

Yetibdir ishqdan qatra qiyomat,
O'zing **obod**, o'zing **vayrona** ko'nglim
[devon 79-bet]
Ushbu baytda obod va vayron so'zlari vositasida tazod san'ati yuzaga keltirilgan. Oshiq ishq dardida hattoki qiyomatgacha yetib kelganligi aytiladi. Natijada ko'ngli vayron bo'ladi.

Ayla nazar ko'yingda har **shoh-u gadog'a**, Rabbano,
Zikr ila otingda magar tushsa sanog'a, Rabbano.[devon 7-bet]
Ushbu baytda shoh va gado so'zlari vositasida tazod san'ati yuzaga keltirilgan. Shu ko'yda nazar sol har ikkala shoh va gadoga Rabbano ya'ni tangrim deb murojaat qilinmoqda. Agar tangi ya'ni alloh nomiga maqtov aytmoqni istasang allohga nazar sol deya ta'svirlangan.

Yo'q erur olamda inson ko'nglidek mavhum bisot,
Onda **gul** birla **tikonni** birga barpo aylading.[devon 33-bet]

Ushbu baytda gul va tikon so'zlari vositasida tazod san'ati yuzaga keltirilgan. Baytda bu olamda inson ko'nglidek mavhum narsa yo'q ekanligi aytilmoqda va gul va tikon birgalikda barpo qilingandir.

Xulosa qilib aytadigan bo'lsak Shoira Shams o'z g'azallarida tazod san'atidan mohirona foydalanganligini ko'rishimiz mumkin. Bu so'zlar vositasida bir-biriga qarama-qarshi so'zlarni ma'nosini bilib oldik.

Shoira Shams lirikasi badiiyati haqida

Xorg'in sokinlikning bag'riga cho'mib,
Xayollar ohista ketar qaygadir.
Shahid armonlarni umidga ko'mib,
Orzu sohilini izlar qaydadir.
[Javrikim jondan o'tar 173-bet]

Ushbu bandda xayol obrazi ta'svirlanadi. Bilamizki xayol inson tafakkurining mahsuli sanaladi. Ushbu she'rda inson xayoloti horg'in holatda sokinlikning bag'riga g'arq bo'lishi mumkinligi anglashiladi. Ya'ni inson beixtiyor xayollar girdobiga beriladi. Xayol darbadar bo'lib butun armonlari chipakka chiqilishi, shunday bo'lishiga qaramasdan, bir umid bilan orzular ro'yobi uchun orzu sohili tomon yo'l olishi ta'svirlanadi. Bu she'rdan anglashiladiki, ijodkor o'z ichki ruhiy kechinmalarini xayol obrazi vositasida ifodalagan.

Ulkan baxtni qidirib,
Qaddim bukchayib borar.
Armon toshi kattayib,
Baxtim kichrayib borar

Ba'zida to'qib ko'z yosh,
Tugaydi sabr-toqat.
So'rayman:- Bormi o'zi,
Qani men izlagan Baxt? [Javrikim jondin o'tar 127-bet]

Ta'kidlash joizki, baxt inson hayotining eng go'zal bir tuhfasi desak adashmagan bo'lamiz. Inson yashar ekan hamisha baxt uning hamrohi bo'ladi. Shoira bunda bu hayotda yashar ekan baxt qidirib yo'lga chiqadi. Baxtini shu qadar qidiradiki, xattoki qaddi bukchayib qoladi. Qalbidagi armon toshi borgan sari kattayib boradi. Baxti esa aksiga olib kichrayadi. Ko'zlaridan yosh tinmaydi va tugamaydi. Ammo sabr-toqati qolmaydi. Qidirdim –qidirdim, ammo men izlagan baxtni topa olmadim deydi-shoir va o'z-o'ziga savol beradi. Mana shunday bayt vositasida ijodkor o'z baxt obrazini yaratadi.

Ko'zingda o'ynaydi sirli hayajon,
Yuzingdan lolarang ibo oqadi.
Qarshingda vaslingga intizor bir jon
Ko'zingdan ko'zlarin uzmay boqadi.

Oy ham havas qilar bu juft yurakka,
Sukunat bag'riga to'kilar hasrat.
Ne ko'yga solmaysan ahli odamni.

Muhabbat, muhabbat, muhabbat... ["Javrikim jondan o'tar" 191-bet]

Ushu baytda muhabbat obrazi tavsiflanadi. Muhabbat mavhum tushuncha bo'lishiga qaramasdan butun bir insoniyatning tabiatida bir narsadir. Muhabbat shu qadar qudratli kuchga egaki, bu kuch butun insoniyatni o'zgartira oladi. Shu sababli ham ijodkor muhabbat dardiga mubtalo bo'ladi va shu muhabbat tufayli ko'zlari hayajonga to'ladi. Bu juftlikka oy ham havas qilishi aytiladi. Aytdilarki, muhabbat insonni har ko'yga solishi mumkin. Hattoki gapirtirmas holatga ham solishi mumkin. Muhabbat obrazi mana shunday qudratga ega.

Shamol, qaydan kelding chamanmi, bog'dan?
Iforingga boshim aylanib qoldi.
Ma'yin e'tibor –u, shirin ardog'dan,
Irodam to'kildi, xushim yo'qoldi. ["Javrikim jondin o'tar" 225-bet]

Ushbu baytda shamol obrazi vositasida inson umriga qiyos qilsak bo'ladi. Ya'niki inson umri ham xuddiki shamol misol bir esib o'tadi. Keyin ortga qaytmaydi. Bu yerda esa shamolni qidiradi qayerdan qay makondan kelganligini so'raydi. Ushbu ta'svirlash jarayonida ijodkor badiiy ta'svir vositalaridan ham mohirona foydalana oladi. Bu san'atlar obrazning tasvir kuchini yanada go'zallashtiradi. Bunda yor shamolni izlaydi.

Nelarni o'yladim
Qalbimda qoldi.
Og'riq iztirobim
Dardimda qoldi.
Za'faronlar yog'ib
Zardimda qoldi
Qolmading ...

Orzular ko'chdilar
Turnalar bilan.
Bedorman yurakda
Ignalar bilan.
Bahor qaytmas endi,
Ginalar biln...
Qaytmading ["Javrikin jondin o'tar " 197-bet]

    Ushu baytda armon obrazi ta'svirlanadi. Baytdan ko'rinadiki, yor ko'p narsalarni o'ylaydi va lekin bu o'ylar faqat qalbida pinhona. Ichidagi og'riq, iztiroblar dardlar qalbida qolgan. Faqatgina sen qolmading deya fig'on chekadi.
    Orzular o'zgardi turnalar bilan birgalikda ,lekin meni qalbim hali hanuz o'sha-o'sha.

Yuragim bedor xuddiki ignalar qadalgandek.
Bahor endi qaytmaydi ginalar bilan deydi. Lekin sen qaytmading deya istifoda qilinmoqda. Bu yerda bahor deganda fasl emas, balki insonning ushalmas yoki amalga oshmay qolgan orzu-istaklari armonga aylanganligini bildirmoqda. Bu yerda ham go'zal tasviriy vositalardan foydalanilgan.

Gulday go'zal, muzday sovuq dil,
Parvo qilmas ko'z yoshlarimga.
Bir kun seni eritaman, bil,
Solib diydor otashlarimga.

Tosh qalbingdan bir gul undirib,
Qahring yulib, mehrim beraman.

Ketar chog'im ortga qayrilib,
Intizor ko'zlaring ko'raman.

Ushbu baytda umid obrazi batafsil yoritiladi. Bunda umid shunday narsaki, biror narsadan voz kechgan taqdirda ham inson yana shu o'tgan narsaga qaytib yana umid bilan ortga boqadi. Shu sababli ham she'rda tosh ko'nglingni bir kuni eritaman deydi. Bir kuni tosh qalbing gul ochadi. Qahringni bir kuni mehrim ila to'ldiraman va ketar chog'imda baribir bir bora ortimga qayrilib boqaman demoqchi ijodkor.

Xulosa qilib aytadigan bo'lsak, hassos va is'tedodli ijodkorlardan biri hisoblangan Shoira Shams o'z ichki ruhiy kechinmalarini qog'ozga to'kadi va obrazlar vositasida ichki tug'yonlarini ifodalaydi. Ijodkor she'rlarida har bir obraz muhim rol o'ynagan va badiiy ta'sviriy vositalar ularga ko'rk bag'ishlagan.

Shoira Shams nasriy asarlarida mavzu va g'oya masalasi

Mavzu(yunoncha thema-asosida turuvchi)- badiiy asarda falsafiy, ijtimoiy, axloqiy va boshqa muammolarni qoʻyish hamda yoritishga xizmat qilgan, shu asarning hayotiy asosini tashkil etgan voqea-hodisalar doirasi. Umuman, mavzu birinchidan, yozuvchi tomonidan hayotdan tanlab olingan va tasvirlangan voqea-hodisalar doirasini, ikkinchidan, asarda qoʻyilgan va yoritilgan hayotiy masalalarni tashkil qiladi.

Mavzu ikki ma'noda qoʻllanadi:

1. Mavzu atamasi – asarda aks ettirish uchun san'atkor tomonidan hayotdan saralab olingan voqea-hodisalardir.

Mavzu – badiiy asar bilan hayotni bir-biriga bogʻlovchi vosita. Shunga koʻra, badiiy asarning tematik tahlili jarayonida san'atning voqelikka estetik munosabati haqida fikr yuritiladi.

2. Mavzu –san'at asarida qoʻyilgan va yoritilgan asosiy ijtimoiy masaladir.[11]

Gʻoya- asarda qoʻyilgan va yoritilgan masalalarning mohiyatidan , xarakterlar talqinidan

---

[11] T.Boboyev "Adabiyotshunoslik asoslari"

mantiqiy ravishda kelib chiqadigan xulosa. Shunga ko'ra mavzu asar g'oyasi bilan uzviy bog'liq bo'ladi.

L.I.Timofeev "Adabiyot nazariyasi asoslari" nomli asarida g'oyaning badiiy asarda rang-barang yo'llar bilan ifodalanishini ko'rsatar ekan, bu usullarni shartli ravishdagina nomlaydi, binobarin, badiiy asar g'oyasini konkret tasnif qilishga urinish sxematizimga olib kelishini aytgan.[12]

Surat va Siyratdagi Vatan mavzusini oladigan bo'lsak, bunda ijodkor o'z Vatanini go'zal tasviriy vositalardan foydalanib tasvirlaydiki, tasvirlash jarayonida uzoqqa ketmaydi, balki o'z ko'rgan-kechirgan voqealar asosida Vatanni ta'svirlaydi. Asosiy mavzu Vatan sanalib, u Vatanining suratini, ya'ni tashqi jihatdan va siyrati, ichki his tuyg'ulari vositasida madh qiladi. Aynan Vatan mavzusi tanlangani ham bekorga emas. Bilamizki, ijodkorlar mavzu tanlashda asosan hayotiy voqelikka tayangan holda tanlashadi. Bu mavzu boshida avval shudringlar nasimni uyg'otgani, nasimlar esa bog' qo'ynidagi

---

[12] L.I.Tomofeev "Adabiyotshunoslik asoslari"

daraxtlarni, maysalarni, gullarni sekin uyg'otgani bilan boshlanadi. Ijodkor otasining erta bilan bog'da ishlash jarayoni berib o'tiladi. Bu bog' tasviri ham bejiizga emas. Ayni bog' ham Vatanning bir bo'lagi sifatida qaraladi Onasining esa ertalabdan sigir sog'ish uchun uyg'ongan holatini keltirish orqali ham shoira Vatan mavzusini beixtiyor tilga oladi. Shunday tinch va sokin osmon ostida ayni tong otishi va xo'rozning qichqirishi, qushlarning sayrashi ham mavzu doirasiga muvofiq tarzda keltirilgan. Bu oila aynan Vatanning bir parchasidir. Ijodkor yoz paytlari mahalliy tilda peshshaxonada uxlab yotish holatini ham juda bir nafis holatda so'zlar vositasida ifodalaydi.

Har kuni ertalab erta bilan turib olardim. Ko'zim ochiq holatda yotardim. Lekin onam kelishi bilan darhol ko'zlarimni yumib olardim. Chunki onamni tur qizim deb aytishlarini istardim- deydi, ijodkor. O'sha damlar hali-hanuz ijodkor xayolini tark etganicha yo'q. Tinch, farovon ota-onasi va yaqinlari bag'rida kichik bir go'shasi hayotining unutilmas onlari edi. Haqiqiy Vatan va haqiqiy baxt ana o'sha daqiqalar edi, deya esga oladilar. Bu Vatanning suratdagi aksi edi. Asl ichki , siyratdagi Vatanni esa chin qalbdan hech qanday so'zlar va mubolag'alarsiz yurakdangina his qilishimiz mumkin. Bu his har kimda har xil, kimdir qalbdan sevsa, kimdir aksincha, oshkora sevadi. Lekin kim bo'lishimizdan qat'iy nazar har birimiz uchun Vatan birdek aziz va mo'tabar. Vatanning har bir tuproq parchasi muqaddas. Ha tuproq ham Vatan. Shunda ijodkor otasining qo'shnisi bilan suhbati beixtiyor esimizga tushadi. Qo'shnisi sizni yeringiz negadir unumdor. Siz nima ekzangiz unadi. Meniki esa unmaydi. Buni siri nimada deb savol berganda, otasi tuproqda deb javob beradi. Nahotki axir tuproq so'zlamaydiku? deb savol beradi. Shunda otasi tuproq tilini bilmasang hammasi bekor deb javob beradi. Demak Vatan nafaqat bizni yashab turgan uyimiz, balki bir siqim tuproq ham Vatanimiz ekanligini anglab yetmog'imiz lozim.

Vatanning qadrini bilish istasang Vatansizdan so'ra qadrini deyishadi, xalqimizda. Bu o'rinda beixtiyor Z.M .Bobur tushadi esimizga. U o'z Vatanini tamomila chin dildan sevgan shaxs bo'lgan desak, xato qilmaymiz. Vatan , yurt sog'inchi, u inson uchun armon bo'lib qoldi. Shu sababdan ham o'z she'rlarida bot-bot Vatanini kuylaydi. Buni quyidagi misralar orqali ham tushunib olishimiz mumkin:

Tole yo'qe jonimg'a balolig' bo'ldi,

Har ishniki ayladim xatolig' bo'ldi,
O'z yerin tashlab, Hind sori yuzlandim,
Yo rab netayin, ne yuz qarolig' bo'ldi.

Yoki A. Navoiy bobomizning she'rida ham Vatan nafaqat insonlar uchun, balki qushlar uchun ham muqaddas dargoh ekanligini eshitib lol qolishimiz mumkin:

G'urbatda g'aribu shodmon bo'lmas emish,
El anga shafiq-u mehribon bo'lmas emish,
Oltin qafas ichra gar qizil gul bitsam,
Bulbulg'a tikondek, oshyon bo'lmas emish.

Haqiqatdan Vatan har bir qarich joyi bebaho ne'mat. Qush garchi oltin qafasda yashasa ham o'zining tikonli makonini afzal ko'radi. Demakki, Vatanni boylik bilan o'lchab bo'lmaydi. Buni xattoki oddiy qush ham biladi.

Xulosa qilib aytadigan bo'lsak, ijodkor nasrida asosiy mavzu Vatan ekanligini bilib olishimiz mukin. Bundan ko'zlangan g'oya esa har birimizni fikrimizdir. Ya'ni Vatan barcha zamonlar va barcha davrlarda ham qadrlanib keladi. Bugun esa ertangi kunimiz, Vatanimiz taraqqiyoti biz yosh avlodlar qo'lida ekanligini bilib, chuqur mushohada qilgan holda ahr bir qarich yerni asrash sharafli burchimiz ekanligini esdan chiqarmasligimiz lozim. Shu o'rinda xorazmlik iste'dodli ijodkorimiz o'z qalami vositasida ijodining mavzu va g'oyasini o'quvchilarga yetkazib bera oldi desak yangilishmagan bo'lamiz.

Shoira Shams she'riyatida badiiy san'atlardan foydalanish mahorati

Ishtiqoq("so'zdan so'zni ajratmoq") she'r baytlarida o'zakdosh so'zlarni qo'llash san'atidir.[13] Quyida hassos shoiraning ishtiqoq san'atidan o'rinli va samarali foydalanganini ko'rib o'tamiz:

Nechuk **g'am** bu ko'zingdan ko'zlarimga to'kilmish,

G'amgin ko'ngil ostonasin xatlab o'tolmagaysiz. (**"Javriqim jondan o'tar"** 95-bet)

Ushbu baytda g'am va g'amgin so'zlari vositasida ishtiqoq san'ati, ya'ni o'zakdosh so'zlar qo'llanilgan. Ya'ni bu o'rinda ko'zlaringdagi g'am qanday g'am bo'lishi mumkinki, meni ko'zlarimga yoshlaring to'kildi va g'amgin ko'ngil ostonasini bir bora ham xatlab o'tolmaysan degan ma'no anglashilgan. Ba'zan o'zakdosh bo'lib ko'ringan so'zlar aslida boshqa-boshqa ma'nolarni ifodalaydi. Bu holat **shibhi ishtiqoq** deyiladi

---

[13] A.Hojiahmedov Mumtoz badiiyat malohati "Sharq" nashriyot-matbaa konserni bosh tahririyati Toshkent-1999

Talmeh ("nazar solmoq") she'r yoki nasriy mashhur tarixiy voqeaalr afsonalar, adabiy asarlar yoki maqolalarga ishora qilmoq san'atidir.[14]

Shoirlar va shoiralar muhabbat mavzusidagi asrlarida ko'pincha Sharqda keng tarqalgan "Farhod va Shirin", "Layli va Majnun", "Vomiq va Uzro", "Tohir va Zuhro" kabi qissalar, dostonlarning qahramonlari nomiga ishora qiladilar. Ushbu o'rinda ham ijodkor Farhod va Qays so'zi yordamida talmeh san'atini vujudga keltirgan.

Gohi bir **Farhod** kabi ishq izmida ko'rgim seni,

Qays o'zing sahroda telba, holingni so'rgum seni,

Har sahar to shom qadar g'am chekkaning bilgum seni,

Uzma ko'ngil garchi hijron hor etar bir zum seni,

Gul tikonsiz bo'lmagay, har bir chamanning xori bor.(**"Javriqim jondan o'tar" 97-bet**)

Ushbu baytda yuqorida aytib o'tganimizdek dostonlarga ishora shaklida Farhod va Qays obrazlari vositasida talmeh san'atini yuzaga

---

[14] A.Hojiahmedov Mumtoz badiiyat malohati "Sharq" nashriyot-matbaa konserni bosh tahririyati Toshkent-1999

keltirgan va ushbu obrazlar orqali g'azal mazmunini anglashimiz mumkin.

Tanosub – she'r baytlarida ma'no jihatdan bir-biriga yaqin tushunchalarni anglatuvchi so'zlarni qo'llab, ular vositasida obrazli ifodalar, lavhalar yaratish san'atidir. Masalan, Shoira Shams qalamiga mansub ushbu baytda :
Bir so'z qidiryapman,
Matnazar og'o,
She'rni she'r qilguvchi, ma'noni tengsiz,
Uni ellar elga qilsa havola,
Bag'rida mavj ursa **daryo-yu** dengiz
(**"Javriqim jondan o'tar"** 103-bet)

Ushbu o'rinda dengiz va daryo so'zlari vositasida tanosub san'ati yuzaga keltirilgan, ya'ni bir uyaga mansub so'zlar qo'llanilgan. Bu she'riy san'atlar g'azal matnini jozibali va ta'sirchan chiqishida alohida ahamiyatga egadir.

Tazod so'zi "zid qo'yish", "qarshilantirish" ma'nolarini ifodalaydi. Shu so'z bilan ataluvchi she'riy san'at esa baytda ma'no jihatdan o'zaro zid , qarama-qarshi bo'lgan so'zlarni qo'llab, ta'sirchan badiiy timsollar, lavhalar yaratishni nnazarda tutadi. Masalan, Shoira Shamsning:
Tunlar tongday go'zal bu ko'hna yurtda,
Har millat orasin bog'lar bir rishta,
Kunlar osoyishta, o'ylar sarishta,

Go'zal har go'shaning odat-u rasmi,
Shunday go'zal yurtda uyg'onish fasli.
(**"Javriqim jondan o'tar" 134-bet**)
baytini oladigan bo'lsak, undagi tong va tun so'zlari vositasida zid ma'noli so'zlar yuzaga keltirilgan. Go'zal bahor vasfi tun va tongda ta'riflanmoqda.

Ishq yarosi dilingizda, malham topolmagaysiz,
Yashirgan bir siringiz bor, **oshkor** etolmagaysiz. (**Javriqim jindan o'tar 95-bet**)
Ushbu baytda ham yashirin va oshkor so'zlari orqali tazod san'ati yuzaga keltirilgan. Ishq yarasi dilida mavjudligi va unga malham topolmayotganligi aytiladi. Ko'nglida bir yashirin sir mavjudligi va bu sirini qalbidan tashqariga chiqara olmasligi nazarda tutilgan.

Takrir "takrorlash" ma'nosini ifodalovchi lafziy san'at bo'lib, she'rda u yoki bu so'zni takror qo'llashni nazarda tutadi. Takrorlash vositasida so'z ma'nosini, uning mohiyatini ta'kidlab ko'rsatish ushbu san'atning asosiy xususiyati sanaladi. Quyida ijodkorning:

Vasf qil: Soching **qaro**, qoshing **qaro**, ko'zing **qaro**,

Bu qarolar dardida kunduz qaro, deb aldagil (**"Javriqim jondan o'tar 30-bet)**
baytida qaro so'zini takror qo'llash orqali g'azal ma'nosi ta'kidlanmoqda. Ushbu o'rinda takrir san'ati bilan birgalikda tanosub san'atining ham namunasini ko'rib o'tdik. Ya'ni ko'z, soch, qosh so'zlari vositasida ifodalangan.

Tashbih- Sharq adabiyotida keng tarqalgan san'atlardan biri bo'lib, "o'xshatish" ma;nosini ifodalaydi.Ikki narsa yoki tushunchani ular o'rtasidagi haqiqiy(real)yoki majoziy musobatlarga ko'ra o'xshatish san'atidir. Tashbih san'ati ta'svirlanayotgan shaxs, buyum yoki tushunchani o'quvchi ko'z o'ngida aniqroq, jozibaliroq, gavdalantirishga xizmat qilib, asar timsollari ma'naviy qiyofasini yorqinroq ochish, binobarin, shoir g'oyasini o'quvchi ongiga to'laroq yetkazish imkonini beradi.[15]

Yo'lim bor **shafaqning oltin betida**,
Zarrin yog'dularga bezangan, cho'mgan.
Umr daftarimning har sahifasiga,
Baxtdan quyilayotgan qushchalar. (**"Javriqim jondan o'tar"115-bet)**

---

[15] A.Hojiahmedov Mumtoz badiiyat malohati "Sharq" nashriyoti Toshkent 1999

Ushbu baytda shafaqning ya'ni quyoshning oltin beti jumlasi orqali go'zal o'xshatish san'atidan samarali va o'rinli foydalanilgan.

Mubolag'a arab tilida "kattalashtirish ","kuchaytirish" ma'nosini bildirib, adabiy asarda ta'svirlanayotgan badiiy timsol holati yoki harakatini bo'rttirib, kuchaytirib ifodalash san'ati demakdir. Bu xil ta'svirda badiiy timsol xususiyatlari yaqqolroq namoyon bo'ladiki, o'quvchi ko'z o'ngida yorqinroq namoyon bo'ladi. Ushbu baytda:

Ko'ngulga o't tushubon angladim Layli-yu Majnun kim,

Badarman hajr sahrog'a, elimga sig'madim naylay (**"Javriqim jondan o'tar**

33-bet)

Ko'ngilga ishq o'ti tushganligi va ana shu vaqtda Layli va Majnun kim ekanligini angladim deydi. Bu o'rinda mubolag'a san'atining go'zal ko'rinishini ko'rdik.

Nido boshqa she'riy san'atlardan bevosita inson qalbidagi his va hayajonlarni ochiq va kuchli ta'svirlab bera olish imkoniyati bilan ajraladi. Bunda butun bir jonli va jonsiz narsalarga murojaat tarzida ifodalanadi.

Tushmidi yoki xayol, men birla erding **ey Hilol,**

Bogʻ ichida ikki pechak dillashib davri visol
(**"Javriqim jondan oʻtar" 26-bet**)
Ushbu baytda oshiq tushidami yoki xayolidami Hilolga, ya'ni oyga murojaat qiladi. Bogʻ ichida ikki pechak dildan suhbatlashadi, xuddiki davr visolidek.

Xulosa qilib aytadigan boʻlsak, Xorazmlik taniqli va iste'dodli ijodkor Shoira Shamsning oʻzbek mumtoz adabiyotimiz badiiy qurollaridan biri boʻlmish she'riy san'atlardan qay darajada mohirona foydalanganini koʻrib oʻtdik. Har bir baytda qoʻllangan she'riy san'atlarning oʻz vazifasi va maqsadi bor ekanligini baytni oʻqish orqali anglab yetamiz.

Shoira Shams ijodining shakllanish takomili

Adabiy asarlar shakl jihatdan benihoya rang-barang boʻladi. Shuning uchun ularni alohida-alohida guruhlarga boʻlib oʻrganish lozim.Adabiy asarlar shaklan quyidagicha tasnif qilinib oʻrganilishi maqsadga muvofiq sanaladi. Adabiy asarlarning yirik guruhlari adabiy tur, adabiy turning ichki guruhlari adabiy janrlar va adabiy janrlarning ichki boʻlinishi janr xillari sanaladi. Shular orasida gʻazal janrining oʻrni beqiyosdir. Gʻazal soʻzining kelib chiqish tarixiga ham toʻxtalib oʻtish maqsadga muvofiq sanaladi.

Gʻazal (arabcha koʻpligi gʻazaliyot ayollar bilan oʻynab-kulish) ishq-muhabbat haqida bahs yurituvchi she'r. Gʻazal sharq xalqlari lirikasida keng tarqalgan janr boʻlib,u oʻz taraqqiyotining dastlabki davrlarida faqat ishq-muhabbat mavzularida yozilgan.Ammo keyingi davrda gʻazalning doirasi kengayib boradi.

"Gʻazalda yor qiyofasi, qiliqlarini bayon qilish, sogʻinish-u firoq, raqibdan va taqdirdan zorlanishnigina ifodalamaydi, shuningdek gʻazal doirasi tabiat manzaralarini ta'svirlash, may, qadah, haqida bayon qilish bilan cheklanmaydi.G'azal tematikasi shaxsning intim kechinmalari doirasida qolmasdan , unda ijtimoiy hayot masalalari ham ifodalandi"[16]

Biz ijodkorimiz lirik asarlarining gultoji hisoblangan g'azallarining takomillanish jihatlarini va ayrim g'azallarini bir qadar tahlilga tortib ko'ramiz.G'azallarini tahlil qilish jarayonida ijodkor ichki kechinmalarini va aynan g'azallaridagi mavzu doirasiga alohida diqqat qaratdik. G'azallarining eskpressiv va badiiy bo'yoqdor chiqishida turli xil badiiy tasviriy vositalardan foydalangani ham asar mazmunining ahamiyatini oshirganini guvohi bo'ldik. Masalan, quyidagi g'azalida:

Labingdan qatra may so'rdim,firog'ing uzra qon tutding,

Ko'zing ko'rsatmayin har dam ko'zim yoshin ravon tutding.

Bu baytda esa labingdan ozgina may so'rdim, ayriliq natijasida bu qon bo'ldi.Ko'zingni mendan ko'rsatmay hamma vaqt ko'z yoshlarim bir tekisda ravon oqishiga qarab turding demoqchi shoira.

---

[16] A.M.Mirzayev .Рудаки и разветние газели X-XV Stalinobod, 1958-yil, 25-bet

Kechib ketdim huzuringga bu bogʻ-u boʻstonlardin,
Uzoring **oshkor** etmay, jamolingni **nihon** tutding.

Bundan anglashiladiki, sening huzuringga hamma narsadan, bogʻ va boʻstonlardan ham kechdim, seni esa yuzingni oshkor qilmading, balki yashirin tutding deydi ijodkor. Bu baytda ham oshkor va nihon soʻzlari vositasida tazod sanʼati qoʻllangan.

Visoling istagan qalbim teshar har lahza hajr-u oʻqi.
Dagʻi novak ekan ishqing koʻngilni chin nishon tutding.

Bu baytda esa visolingni yaʼni senga erishish niyatida koʻp bora, har on, har daqiqa hajr, yaʼni ayriliq oʻqiga duchor boʻldim va yana novak, yaʼni kiprikdagi kamon oʻqi aynan meni koʻnglimni nishonga oldi degan mazmun anglashiladi.

Sinib har ustuxonimdin toʻkuldum poyingga ushshogʻ,
Yogʻurgach Besutun toshin, nechun boshim omon tutding.

Bu o'rinda esa ustuxon asli so'ngak-suyak ma'nosini ifodalayapti. Har bitta so'ngakimgacha sinib poyingga yiqildim va zaiflashdim.besutun toshlarini ustimdan yog'dirgach suyak-suyagimgacha sinib poyingga yiqildim, ammo nega jonimni olmasdan bu azobda yana tirikomon saqlayapsan deya faryod chekadi.yana Besutun toshini aynan bu jumlada qo'llashining ham aosiy sababi bor.besutun toshi behistun tog'larini toshlari Farhod obrazi bilan bog'liq, she'riyat boshga balo toshlarining yog'ilishi ma'nosida ishlatilgan. Besutun toshi o'rnida talmeh san'atini ham keltirib chiqargan. Ma'lumki Behistun qoyatoshi mashhur joy nomi va u tarixdan Erondagi Kirmonshoh shahri yaqinida joylashgan. Bu toshga matnni Eron humdori Doro1 o'yib yozdirgan. Ular qadimgi fors, elam, bobil tillarda yozilgan sanaladi.

Vatan istab qaro gil ostiga mangu ketay desam,
Jafoying chekdururg'akim qo'ling bexonumon tutding.

Bu o'rinda makon istab qaro yerga mangu ketay desam, sening jafongni chekkan vaqtda sen qo'lingni mendan darig' tutding demoqchi shoira. Ya'ni men senga muhtoj edim, ammo sen men-la bo'lmading va ahvolimga zarracha ham achinmading demoqda, chamasi.

Tamanno aylamak ham shunchalik ko'rk-u fazilatmi,
Ajab, g'amzang bila dilga dam **otash,** dam **jinon** tutding.

Bu yerda tamanno, ya'ni orzu qilish ham shunchalik go'zal fazilatmi, ajabo nozik qarashing bilan dilga goh otash (do'zax), goh jinon(jannat) tutding deyiladi.Ushbu jumlada ham shoiramiz go'zal badiiy malohatlardan mohirona foydalangan. Ya'ni otash va jinon so'zlari tazod san'atini yuzaga keltirgan.

Agarchi Shoira vasliga zarra hojating yo'qdur,
Netay, **yaxshim**, muhabbat yo'lida oni **yamon** tutding.

Bunda esa shoira mening vaslimga, ya'ni yoringga erishishga senda zarracha ham hojat yo'q ekan, meni bu muhabbat yo'lidagi yaxshiligimni sen yomonlikka yo'yding degan mazmun anglashiladi. Bu baytda ham yaxshi va yomon so'zlari vositasida tazod san'ati qo'llangan.

Muxammas (arab-beshlik) Sharq she'riyatidagi she'riy shakllardan, qofiyalanish tartibiga ko'ra tuzilgan she'r. Misraning har bir bandi 5 misradan iboratdir.Bandning oxirida shoir taxallusi ham keltiriladi.

Muxammasning ham 2 turi bor : ta'bi xud(mustqail) va tazmin (taxmis)

Birinchisida barcha beshlik bir muallifniki, ikkinchisi (taxmis)da ijodkor bironta ustoz, zamondosh shoir yoxud o'z g'azallari baytlarining har birini beshlik bandlariga aylantiradi. Quyida esa aynan Shoira Shams Abdulla Oripov g'azaliga muxammas boylagan. Bu ham ijodkor mahoratini yana bir bora ko'rishimizga imkon beradi:

Bo'lmagay hech bir adosi sevgidan bitsang qo'shiq,
Goh hijron, goh visolning yodidan etsang qo'shiq,
Ishq aro dilning yagona malhami bilsang qo'shiq,
Ayb emasdur gar muhabbat sha'niga aytsang qo'shiq,
Baxtlidur kimning muhabbatga sazovor yori bor.[17] ("Abdulla Oripov" g'azaliga muxammas 97-bet)

Bu muxammasda agar sevgi haqida she'r yozsang hecham ado bo'lmaydi. U xoh ayriliq,

---

[17] "Javrikim jondin o'tar", "Quvonchbek-Mashhura" MChJ nashriyoti Urganch 2018-yil.

xoh yorning vasliga yetishish haqida bo'lsa ham. Ishq ichra yagona malham ham aynan qo'shiqdir. Mabodo, sen ishq, muhabbat sha'niga qo'shiq aytsang ham bu ayb emas, balki kimniki muhabbatga sazovor yori bo'lsa u inson baxtlidur degan ma'no anglashiladi.

    Gohi bir Farhod kabi Ishq izmida ko'rgum seni,
    Qays-o'zing sahroda telba, holingni so'rgum seni,
    Har **sahar** to **shom** qadar g'am chekkaning bilgum seni,
    Uzma ko'ngil garchi hijron xor etar bir zum seni,
    Gul tikansiz bo'lmagay, har bir chamanning xori bor.

Bundan anglashiladiki, seni ba'zan ishq bobida Farhod misolida ko'raman. Qaysni esa o'zi telba holatdasahroda yurganida holini so'ragim keldi va har kun ertalabdan to quyosh botgunga qadar g'am va azob chekayotganingni bilaman. Shunday bo'lishiga qaramasdan ko'ngil uzma , garchi ayriliq seni bir on xor qilsa ham deydi. Bayt so'nida esa bu qiyinchiliklarga bardosh berishing lozim, chunki gul tikansiz bo'lmaganidek, chaman ham xorsiz bo'lmaydi deydi. Bundan tashqari bu yerda ham shm va sahar so'zlari vositasida tazod san'ati yana bir karra qo'llanilgan.

Endi esa Shoira Shams adabiy sharxlari va publitsistik maqolalari orasidagi "Donishmandlik mavsumida ochilgan o'zan" mavzusini oladigan bo'lsak, unda ijodkor Sotim Avazni o'zanga qiyoslaydi. Mumtoz adabiyotimizning asosiy quroli bo'lgan aruz qadim-qadimdan meros bo'lib kelgan va kelayotgan janrlardan biri desak xato bo'lmaydi. Alisher Navoiylar boshlab bergan bu an'ani hozirgacha davom qildirayotgan adabiy darg'alarimiz mavjudligi ham quvonarli hodisadir. Shunday adabiyotimiz davomchilari sifatida Matnazar Abdulhakim, Sotim Avazlarni aytishimiz mumkin. Shular orasida Sotim Avaz ijodiyoti diqqatimizni jalb qildi, ya'ni Shoira Shamsning yozgan maqolasida Sotim Avaz ijodiyotidagi namunalardan ma'lum bo'ladiki, uning bir g'azalidagi ko'ngilga bergan qiyoslari ijodkor badiiy mahoratini qanchalik yuksak ekanligini ko'rsatib berdi.

Shoira Shams ham bu parchani keltirib o'tgan ekanlar, biz ham bu baytni keltirib o'tishni o'zimizga joiz deb bildik. Sababi bu qiyos naqadar ajoyib va ayni haqiqatga yaqin ekanligini boshqalar ham bilsa yaxshi boʻladi deb oʻyladik. Koʻngil-osmon ochilgaydir, yorugʻ tushsa, Koʻngil- yerdir, unar yaxshi urugʻ tushsa,

Koʻngil otash, oʻynatguvchi, zalil boʻlgʻay, Yoqar nogoh ustiga xoʻl-qurugʻ tushsa.

Ushbu baytlarning har bir misrasida koʻngilga goʻzal qiyos berib oʻtadi. Koʻngilni avval osmonga qiyoslaydi va agar quyosh oʻz nurini tushirsa koʻngil qulfi ham ochiladi degan ma'no chiqadi. Koʻnglimiz keng, lekin kichkina narsalarga ham xursand boʻladigan jajji koʻnglimiz ham bor.bu yerda yorugʻlik deganda yaxshi soʻz, birgina shirin muomala yoki harakat natijasida koʻngil shod-u hurramlikka erisha oladi va qalb bahori gullaydi degan mazmun anglanadi. Keyingi misrada koʻngil yerga tashbihlanadi. Agarda yaxshi urugʻ tushsa unib-oʻsishi aytilmoqda. Bu yerda koʻngil yerga qiyoslanishi bekorgamas. Chunki yer cheksiz olamdan iborat. U yerda turli xil insonlar yashaydi va turli xil koʻngillar mavjud. Bundan koʻrinadiki, agar bir inson bir insonning qalbiga yaxshilik urugʻini eksa, u albatta unib chiqadi, ya'ni yaxshilik urugʻi nazarda tutilgan. Toʻgʻri yomonlik urugʻi ham oʻsib chiqadi. Lekin asl haqiqat faqat oʻsishda emas balki, ular orasidagi farqdadir. Keyingi baytda esa ko'ngil otashga , ya'ni olovga mengzaladi. Ko'ngil insonni turli xil holatlarga solishi mumkin, Ya'ni hattoki tahqir qilishi, o'ynashi mumkin. Ba'zan esa yoqib yuborishi ham mumkin. Bu yerda yoqish deganda ko'ngildagi ichki hislarni ifodalash maqsadida aytilgan.

Shu o'rinda yana bir narsani esga olish maqsadga muvofiq hodisa deb bilamiz. Ko'ngil- Allohning uyi. Shunday ekan bunday muqaddas dargohni vayron qilgan shaxs albatta allohning qahriga uchrashi mumkin. Shunday ekan ko'ngilni og'ritish katta gunoh sanalar ekan, shuni bila turib bu xatoni takrorlaslik kerak. Sotim Avaz o'z ijodida aynan ko'ngilni bosh obraz sifatida qo'yishi ham buni isbotlaydi.

Xulosa qilib aytadigan bo'lsak, hamisha ijoddan to'xtamaydigan va adabiyotga butun hayotini bag'shida qilib ijod qilishda betinim davom qilayotgan iste'dodli Xorazm farzandi hisoblangan Shoira Shams ijodining takomili bilan tanishish jarayonida shoiraning yuksak e'tibor egasi va mohir adabiyotshunos ekanligini bilib oldik. Ijod xoh lirik , xoh epik bo'lsin birdek inson qalbiga ta'sir ko'rsata oladigan o'tkir qalam sohibi ekanligini guvohi bo'ldik. Ijodkor asarlaridan parchalarni keltirish orqali bir qadar tahlilga tortib ko'rdik va ma'nolarini izohlashga harakat qildik.

Shoira Shams nasriy asarlarida badiiy tasviriy vositalar istifodasi

Adabiyot olami shundayin bepoyon katta bog'ki, unga shahd ila kirishish bor, ammo chiqish yo'q. Shunday go'zal bog'ni bezab turgan, bir-biridan chiroyli, turfa xil gular mavjud. Nasriy va lirik asar bolishidan qat'iy nazar har birida bu gullarning o'rni beqiyosdir. Shunday bezaklarimizdan biri bu badiiy tasviriy vositalardir. Tasviriy vositalar asar mazmuniga ko'rk bag'ishlaydi va asarning ta'sirchan chiqishini ta'minlaydi.

Badiiy tilning eng muhim spesifik xususiyatlari sifatida obrazlilik va emotsionallikni ko'rsatishimiz mumkin. Badiiy asarda ta'svirlanayotgan narsani jonli tasvirlash, his-tuyg'u va kechinmalarni yorqin ofodalashga xizmat qiluvchi vositalarni umumlashtirib " badiiy tasvir va ifoda vositalari" deb ataladi. Badiiy tasvir va ifoda vositalari badiiy tilning belgilovchi xususiyati emas, balki belgilovchi xususiyat bo'lmish obrazlilik va emotsionallikni kuchaytiruvchi unsurlardir. Bu tushuncha adabiyotshunoslikda "poetik vositalar", "sintaktik figuralar", "stilistik figuralar" kabi nomlar bilan ham yuritiladi[18]

Badiiy asarning ta'sir kuchini belgilovchi bir qancha unsurlar vositasida ijodkor asarlaridagi o'ziga xoslikni ko'rib chiqamiz. Biz yaxshi bilamizki, badiiy asarda qo'llanilgan ko'chimlar ishlatilish darajasi, badiiy bo'yoqdorligi, ta'sirdorlik darajasi kabi jihatlaridan bir-biridan jiddiy farqlanadi:

Metonimiya (grek.-o'zgacha nomlash", boshqa narsa orqali atash") usulida ma'no ko'chganida narsa hodisalar o'rtasidagi aloqadorlik asos qilib olinadi. Bu aloqadorlik turli xil harakat, holat, narsa-hodisa yoki narsa va eganing egasi, yaratuvchisi orqali amalga oshiriladi.

Masalan, Gard yuqmas ishq esseyidagi Ostonasiga oyog'i yetolmay turganlardan so'rang Vatan nimaligini, Musofirlik jabrini chekkanlardan so'rang Vatan qadrini. Safar cho'zilib ketganlardan so'rang yurt sog'inchini kabi jumlalar orqali metonimiya usuli orqali ma'no ko'chgan. Bu holat bilan bog'liq aloqadorlik hisoblanadi. Ya'ni bu nasriy asarida Vatan qanchalik qadrli va qimmatli ekanini

---

[18] Dilmurod Quronov. Adabiyotshunoslik asoslari

isbotlash maqsadida bir necha isbotlar keltiradi ijodor. Aytadiki ,asl Vatanning qanchalik muqaddas joy ekanini ostonasi ona tuprog'iga tegmagan insonlardan so'rang yoki musofirlik jabrini chekkanlardan so'rang deydi ijodkor. Bu fikrni ifodalashda , fikrning ta'sirchan chiqishida metonimiyaning o'rni qanchalik muhim rol o'ynashini mazkur parchalardan bilishimiz mumkin. Yoki bo'lmasa Bugun qishloq birga qo'shilib yig'lashardi gapida ham harakat va holat bilan ular egallagan joy bilan bog'liq aloqadorlikka asoslangan.

Tropning yana bir sinekdoxa bo'lib u mohiyat e'tibori bilan metonimiyaning bir ko'inishidir. Sikekdoxaning metonimiya ko'rinishi sifatida qaralishiga sabab shuki, bunda ham aloqadorlik asosida – butun va qism, yakka va umuman aloqasi asosida ma'no ko'chishi yuz beradi. Shu bois ham mutaxassislar sinekdoxani metonimiyaning miqdoriy ko'rinishi deb qaraydilar. Quyida ijodkor asaridagi sinekdoxaning qo'llanilish holatlariga e'tibor qaratamiz:

O'sha kun uyga qaytguncha yig'ladim.... O'sha kun meni tomog'imdan ham ovqat o'tmadi.

Bu o'rinda ham "meni tomog'im" sinekdoxa usuli orqali ma'no ko'chgan. Bunda ijodkor o'sha mas'um voqeadan keyin to'xtamasdan yig'laganini va buning natijasida tomog'idan ovqat ham o'tmay qolganini aytadi. Ya'ni bu yerda tomoq inson a'zolarining bir qismi bo'lib, sinekdoxani yuzaga keltirgan.

Ko'chimning eng keng tarqalgan turlaridan biri metaforadir. Bunda ma'lum o'xshashlikka asoslanadi. Quyida ijodkorning nasriy asarlarida metaforaning qay darajada mohirona foydalana olganinini ko'rib o'tamiz:

Nuriddin Hamroqulov taronasi- shirin ovoziga mahliyo bo'lib, beixtiyor uzum o'ralariga suyanib, xayolga cho'mganini sezmay qolaman. Bu o'rind shirin ovoziga birikmasi orqali metafora usulida ma'no ko'chgan. Bunda Nuriddin Hamroqulov qo'shiqni juda yaxshi kuylay olishiga ishora qilinadi. Uning ovozi juda yoqimli bo'lib xuddiki ovozi shirindek ekanligiga ishora bor.

Yoki boshqa o'rinda Bu muhabbat, bu hurmat bola qalbim qarashlarida almisoqdan qolgan eski arava misol dunyoning ustunlarini ushlab turgan metin zirxga o'xshardi go'yo . Bunda dunyoning ustunlari birikmasi orqali metafora usulida ma'no ko'chgan. Bu yerda Vatanga bo'lgan muhabbat, hurmat cheksizligi va bu mehr hali-hanuz qalbda go'yoki eski arava misol dunyoning ustuni ya'ni tayanchi bo'lib ushlab turgan , hech ham yengilmas metindek zirxga o'xsatilgan. Bundan ko'rinadiki, mehr hech ham tugamaydigan inson qalbida barhayot mavjud bo'ladigan ajib bir his ekan.

Yoki yana boshqa o'rinda : Savollarim tugamasidan oldin sovuq xabarni shart aytdiqo'ydi hamsuhbatim jumlasida sovuq xabar birikmasi yomon xabar ma'nosini ifodalash uchun xizmat qilgan. Bu o'rinda ijodkor yomon xabar deb yozib qo'yishi ham mumkin edi. Lekin jumlaning ta'sirchan, badiiy bo'yoqdor chiqarish maqsadida sovuq so'zidan foydalangan. Bu ham shoiramizning badiiy mahoratini yana bir karra isbotidir.

Yana yuksakda xilpirab turgan bayrog'imiz charx u
*rayotgan kabutardek go'zal gapini oladigan bo'lsak ham bayrog'imizni yuksaklarda moviy gumbaz oldida parvoz qilayotgan kabutarga o'xshatadi. Bu ham albatta ajoyib o'xshatishni yuzaga keltirgan.

Ma'no ko'chishning yana bir turi "kinoya" (ironiya) bo'lib, u teskari o'xshatishga asoslangan ko'chimdir. Masalan, Chiqirchi qishlog'ida nemislardan qolgan bog'da har yoz bo'yi ishlaydigan bu oromgoh men uchun dam olish "qamoqxona"siday koʻrinardi. Yoz kelishi bilan akam va men shu oromgohga "surgun" qilinardik. Bu oʻrinda dam olish maskanini qamoqxona deb ataydi. Lekin bu oʻrinda haqiqiy qamoqxona nazarda tutilmagan, shunchaki qattiq nazarot ostida saqlaganligi uchun qamoqxona deb ataydi. Bu yerda qisman metafora ham qoʻllanilgan. Yoki surgun qilindik deganda shunchaki bizni oromgohga joʻnatishardi degan maʼnoda qoʻllagan. Aynan surgun qildi jumlasini ishlatishiga sabab, oromgohga borish ularga yoqmas edi. Shu sababli xuddiki surgin qilgandek haydashardi degan maʼnoda ishlatgan. Bu ham aynan matnning ekspressiv boʻyoqdorligini oshirgan.

Koʻchimning yana bir turi allegoriya boʻlib bunda mavhum tushunchalar konkret narsa-hodisalar nomi orqali ifodalanadi. Badiiy adabiyotda allegoriya koʻproq anʼanaviy tarzda qoʻllanib, ularning aksariyati turgʻun holatga *kelib ulgurgan. "Tulki" ayyorlik, boʻri vahshiiylik kabilar bunga misol boʻla oladi. Shoira Shamas ijodida ham bu kabi misollarni koʻplab koʻplab koʻrishimiz mumkin .

Xulosa qilib aytadigan boʻlsak, Ijodkor badiiy tasviriy sanʼatlarni oʻz oʻrnida qoʻllay olgan va aynan mana shu metafora, metonimiya, allegoriyalar asarning ta'sirchan kuchini ifodalashga xizmat qilganini ko'rib o'tdik.Bu tasviriy vositalar albatta adabiyotimizning qismlari bo'lgan har ikkala nasriy va lirk asarlar uchun ham birdek muhim sanalar ekan.

Shoira Shams lirikasida mavzu va g'oya masalasi

Mavzu (yunoncha thema-asosida turuvchi)- badiiy asarlarda yoki lirik she'rlarda falsafiy, ijtimoiy, axloqiy va boshqa muammolarni qo'yish hamda yoritishga xizmat qilgan, shu asarning yoki she'rning hayotiy asosini tashkil etganvoqea-hdisalar doirasi. Umuman, mavzu birinchidan, yozuvchi tomonidan hayotdan tanlab olingan va tasvirlangan voqea-hodisalar doirasini , ikkinchidan asarda qo'yilgan va yoritilgan hayotiy masalalarni tashkil etadi.

Mavzu ikki ma'noda qo'llanadi:

1.Mavzu atamasi asarda aks ettirish uchun san'atkor tomonidan hayotdan saralab olingan voqea-hodisalardir.

2.Mavzu-san'at asarida qo'yilgan va yoritilgan asosiy ijtimoiy masaladir.

Yozuvchini hayajonga solgan va qo'liga qalam olishga majbur etgan hayotiy material "mavzu" yoki "tema" deb taladi. Masalan, mumtoz aadbiyotimizni hali –hanuz saqlab, ijod qilishda davom qilayotgan ijodkorimiz Shoira

Shamsning "Na qilay" g'azalini oladigan bo'ladigan bo'lsak undagi bosh mavzu chorasizlik ya'ni bu yerda naylay so'zi nima qilay, ilojsizman degan ma'noda qo'llagan.

Masalan "Naylay" g'azalini mavzu jihatdan tahlilga tortib ko'ramiz:
Ajab o'tlig' fig'on o'ldim,dilimga sig'madim, naylay,
Muhabbat manzilin izlab yo'limga sig'madim naylay,
Ushbu baytdan ko'rinadiki, oshiq iztiroblari shu darajada kuchli tus olganki afg'on chekarib diliga ham sig'may ketganini ta'kidlaydi. Buning sababi esa muhabbat manzilini izlab chiqqanligi va o'sha manzilga yetib borguncha ham sabr qila ilmay ich-ichiga sig'mayotganini aytadi ijodkor.

Ko'ngulga o't tushubon angladim Layli-yu Majnun kim,
Badarman hajr sahrog'a, elimga sig'madim naylay,
Ushbu baytda esa ko'nglimga ishq olovi tushdi va ayni o'sha vaqtdagina angladim Layli kim-u Majnun kim deydi va hajr ya'ni ayriliqqa duchor bo'ldim va badarmon, ya'ni xudoning xohish irodasi bilan cho'lga duhor bo'ldim. O'z elimga sig'madim deya nola chekyapti.

Ko'rib har yonda yor aksin mudom hayratda loldiman,
To'kildim poyingga, ob-u gulimga sig'madim naylay.

Yorimning aksini har tarafda ko'rib uzoq vaqt hayratda lol bo'lib qoldim.Keyin poyiga yiqildim va suv-u gulgan ham sig'madim.Endi nima qilay deydi.

Xalos et g'ussai g'amdin munosib oroming birla,
Kun –tun behuzur o'ngu so'limga, sig'madim, naylay

Men g'amlar aro qolib ketdim meni xalos et, o'z karomating bilan va kun-tun behuzurman tushimda ham o'ngimda ham deydi.

Qalamdin to'kdum-u zorim, jamoling vasfida bo'ldim,
Kalomlar otingga qurbon, tilimga sig'madim, naylay.

Qalamim birla zorimni , ya'ni ichimni to'kdim jamolingni ko'rmoq istagida va so'zlarni hammasi birgina otingga qurbon bo'ladi va men ichimda ham tilimda ham sig'may ketayapman endi nima qilay degan ma'no anglashiladi.

Sitam –la bag'ri qonimdin bu olam lolazor o'ldi,

Qachon etgum visolingga, o'limga sig'madim naylay.

Azoblar tufayli butun bag'rim qonga to'ldi, hattoki bu olam ham misli lolazordek qip-qizil tusga kirdi. Endi ayt shunday bo'lgandan kein endi qachon seni visolingga yetaman. Hatto o'limimga ham sig'may ketyapmanku deydi qahramon.

Dema, Shoira, olam oshiq ahliga sitamgardir, O'zim holim aro aslo O'zimga sig'madim naylay.

Aytmagin o'zi aslida butun olamdagi ishq ahli jabr-sitam ko'radi, chunki o'zimni holimni o'zim bilaman, hatto o'zimga ham sig'may ketayapmanku deydi shoira.

G'oya-asarda qo'yilgan va yoritlgan masalalarning mohiyatidan, xarakterlar talqinidan mantiqiy ravishda kelib chiqadigan xulosa. Shunga ko'ra mavzu asar g'oyas bilan uzviy bog'liq bo'ladi.

Badiiy asarda yozuvchi ifodalagan asosiy fikr, ta'svir predmetiga bergan bahosi "asarning g'oyasi deb ataladi. Badiiy asrda g'oya tasvir etilgan kishilarning psixologiyasi, taqdiri, voqealarning va narsalarning mohiyati ichiga singib ketadi. Shunchalik singib ketadiki, biz u g'oya muallif tomonidan ishora qilinmgan holda ham o'zimiz o'sha muallif chiqargan xulosaga kelamiz.

Yuqoridagi "naylay" g'azalining ham asosiy g'oyasi mavjud. Ya'ni bunda muhabbatdan noilojlik oddiy insonlarga bo'lgan muhabbatgina nazarda tutilmagan, balki Allohga bo'lgan muhabbat ham nazarda tutilgan. Uning bosh g'oyasi ham aynan yaratganning visoliga yeta olmaganligi va buning ilojini topaolmay oh-nola chekayotgan lirik qahramon holati ta'svirlanadi. Aytadilarki ijodkorlar o'z ruhiy ichki kechinmalarini qog'ozga to'kadilar deb. Balki aynan Shoira Shamsning ichki hissiyotlari tasvirlangan bo'lsa ajab emas. Fikrimizning dalili sifatida yana misol keltirib o'tsak:

Azizim, sen meni she'rdan ayirma,
She'rsiz yuragimda dunyo o'ladi.
Sen:"Shoirlar bari telbadir", deding,
Sezmading boshimga osmon quladi
[Yig'layotgan qush 66-bet]

Bundan ko'rnadiki, lirik qahramon hayotining ajralmas bir bo'lagi hisoblangan she'r bo'lib meni undan ayirma deya afg'on chekadi. Mabodo she'r men bilan emas ekan meni yuragimdagi dunyoyim o'ladi. Sen esa menga shoirlar telbadir deb aytding, o'sha gapni eshitib boshimga osmonlar quladi, lekin sen buni sezmading deydi.

So'zsiz lahzalarda siqar nafasim,
She'rsizlik eng mudhish bir xatarimdur.
Men ko'kda uchayotgan qushman, azizim,
Shoirlar barchasi hamsafarimdur.

Ushbu banddan ko'rinadiki, she'rsiz, so'zsiz bir lahzada ham nafasim siqadi, she'rsizlik bu eng mudhish fojialardan biridir. Agar she'r men bilan ekan unda men ko'kda parvoz qilayotgan qushdekman deydi. Bundan ham ko'rinadiki bu bandda asosiy mavzu she'riyat undan ko'zlangan maqsad ham bitta-ijod. Ijod, she'riyat ijodkorning bir umrlik yo'ldoshi bo'lib, she'riyat bor ekan, shoira uchun hayot bor deyishimiz mumkin. Chunki she'r, she'rdgi har bir jumla shoiraning hayotining bir parchasi hisoblanib, ijodkor bu yo'lga butun umrini baxshida qilgan. Bu she'rda ham ijodkor hayotida haqiqatga yaqinlik bor nazarimizda.

Xulosa qilib aytadigan bo'lsak, ijodkorimiz o'z lirik asarlarida mavzu tanlashda va g'oyasini o'z o'rnida va mukammal tarzda o'quvchilarga yetkazib bera olgan mubolag'a bo'lmaydi. Ijodkor mavzuni tanlashda ham uzoqqa ketmagan, balki o'z ichki tug'yonlarini so'zlar vositasida ifodalab o'tgan.

Foydalanilgan adabiyotlar ro'yxati

1. Shoira Shams "Samandar" devoni "Quvonchbek-Mashhura MchJ Urganch-2019

2. D.Yusupova "Aruz vazni qoidalari va mumtoz poetika asoslari" Toshkent Ta'lim media-2019

3. A.Taroziy "Funun ul-balog'a" Toshkent "Xazina"-1996

4. Shoira Shams "Tuproq tili", " Ogahiy" nashriyoti-2023

5. Shoira Shams "Olovxat" Urganch-2022 " Ogahiy" nashriyoti

6. A.Hojiahmedov "Mumtoz badiiyat malohati" Toshkent "Sharq" nashriyoti -1999

7. T.Boboyev "Adabiyotshunoslik asoslari" Toshkent-O'zbekiston-2002

8. D.Quronov "Adabiyotshunoslikka kirish"

9. A.A.Mirzayev "Рудаки и развенил газели X-XV Сталинобод – 1958

10. Shoira Shams "Yig'layotgan qush", "Ogahiy" nashriyoti Urganch-2022

www.ingramcontent.com/pod-product-compliance
Lightning Source LLC
LaVergne TN
LVHW010601070526
838199LV00063BA/5040